O FAROL
CONSULTORIA SEM COMPLICAÇÕES

Marcos Alberto von Bathen

O FAROL
CONSULTORIA SEM COMPLICAÇÕES

1ª Edição
POD

KBR
Petrópolis
2015

Coordenação editorial **Noga Sklar**
Editoração **KBR**
Capa **KBR**
Imagem da capa **Arquivo Google**

ISBN: 9781790534395

KBR Editora Digital Ltda.
www.kbrdigital.com.br
www.facebook.com/kbrdigital
atendimento@kbrdigital.com.br
55|21|3942.4440

BUS001040 - Administração empresarial

Marcos Alberto von Bahten tem bacharelado em Letras e é autor dos *livros A tripulação, O resgate, A trilha* e *O amanhecer.* Trabalhou como especialista em Rádio e Radar na Força Aérea Brasileira (FAB) e exerceu várias funções na área de ensino, pesquisa e desenvolvimento. Na área empresarial, foi consultor da Fundação Empreender, uma Fundação de Associações Comerciais e Industriais no Estado de Santa Catarina, com o objetivo, entre outros, de divulgar e difundir experiências sobre desenvolvimento organizacional e abertura das associações empresariais para integração de médias e pequenas empresas.

E-mail: marcosvonbahten@uol.com.br

Sumário

Apresentação

O farol veio para ajudar o mundo empresarial, especialmente da pequena empresa, configurando uma possível ferramenta de solução de problemas, preenchendo com muita habilidade a lacuna existente no setor, um instrumento capaz de ajudar o empreendedor em sua busca de orientação.

Seu autor, Marcos von Bahten, profundo conhecedor da área de consultoria, na qual atuou por muitos anos, é dotado de grande versatilidade intelectual, agindo sempre com e muita firmeza e segurança em todas as situações, profissionais e pessoais, que tive a oportunidade de presenciar.

Marcos trabalhou como consultor da Fundação Empreender, como supervisor técnico do Projeto Empreender pela FACISC/ SEBRAE e como consultor independente junto a uma centena de empresas.

Os vários capítulos mostram, passo a passo, como o empresário deve proceder, sempre contando com o apoio de sua equipe, a verdadeira prata da casa.

Von Bahten desmistifica, assim, a nobre atividade de fazer consultoria, tornando-a de fácil aplicação ou pelo próprio empresário ou com a ajuda de um colaborador mais experiente, que pode se revelar necessário conforme a complexidade das questões envolvidas.

Além de generosamente compartilhar sua metodologia, Marcos apresenta com didática clareza as principais tarefas inerentes ao dia a dia de uma empresa. Particularmente valiosos para mim foram o capítulo que aborda as ações necessárias para se abrir uma empresa, o capítulo sobre o controle de processos industriais, como obter qualidade e preço dos produtos, o capítulo que trata da tecnologia e inovação e o que nos mostra como calcular custos e formação do preço de venda, administração financeira e exportação.

Vianei Amilcare Zappellini

AGRADECIMENTOS

Ao concluir *O farol*, senti-me realizado, chegando ao fim de um trabalho que há tempo me havia proposto a concretizar. Escrever esta obra era como um dever para mim, dada a sua importância, sua presença indispensável para o mundo empresarial, especialmente para a micro e pequena empresa.

Para tornar viável sua publicação, contei com o apoio incondicional do empresário e amigo Vianei Amilcare Zappellini, diretor da Móveis Irimar Indústria e Comércio Ltda. Trata-se de uma tarefa difícil no mundo atual, devido ao pouco destaque dado à divulgação e à leitura de instrumentos relevantes para o aperfeiçoamento profissional.

Tivemos também, mais uma vez, a colaboração das entidades de classe de nossa comunidade. Cabe-me agradecer o apoio irrestrito do Sindicato das Indústrias da Construção e do Mobiliário de Rio Negrinho (SINDICOM), na pessoa de sua presidente Andrea Pschisky Floriani; da Câmara de Dirigentes Lojistas de Rio Negrinho (CDL), na pessoa de seu presidente Conrado Treml Junior, e da Associação Empresarial de Rio Negrinho (ACIRNE), na pessoa de seu presidente Altair Ruthes.

Não poderia tampouco deixar de agradecer as palavras carinhosas e gentis do amigo Frank Bollmann, que abrilhantaram o prefácio desta obra.

Vemos, assim, na união das classes empresárias, um incentivo ao aperfeiçoamento de seus colaboradores, o que representa um grau de maturidade que nos impressiona e nos alegra ao mesmo tempo, por ser na realidade uma demonstração de conhecimento das necessidades inerentes à classe produtiva, fonte geradora de riqueza e emprego.

Uma classe empresarial coesa, inovadora e tecnologicamente atualizada em todos os sentidos, material e humano, é contemplada com todos os benefícios de que se faz merecedora, sendo, sem dúvida, o que todos desejamos e necessitamos para o pleno desenvolvimento sustentável de nosso país.

Agradeço sinceramente a todos os empresários, com destaque para os atuantes nos municípios de Rio Negrinho, São Bento do Sul e Campo Alegre, do Estado de Santa Catarina, berço do meu trabalho como empresário, professor e consultor, por terem sempre apoiado o meu trabalho. Agradeço também aos empreendedores de mais de uma centena de cidades do Brasil, que nunca mediram esforços na divulgação de minhas publicações, tendo como meta dotar seus colaboradores de exemplos e ferramentas para sua formação profissional.

Enalteço as pessoas, os amigos e as entidades, públicas e privadas, que tive a oportunidade de conhecer e com os quais pude conviver durante a minha trajetória.

Grande parte do meu entusiasmo em transmitir conhecimentos e experiências devo aos meus familiares; seus frutos precisam ser colhidos e saboreados pelas novas gerações, para assim evitar a repetição de erros e, ao mesmo tempo, se beneficiar das melhores soluções ora disponíveis.

Um agradecimento especial ao trabalho exemplar de Lúcia Burzynski Bialli e Salma Nasser, que contribuíram para que a primeira edição deste livro fosse concretizada, e também à diretoria, à equipe técnica e aos colaboradores da Corgraf Gráfica & Editora de Curitiba, pela valiosa ajuda na impressão.

Devo, ainda, manifestar um voto de louvor a Luciane Liebl, Rosane Telma Zierhut e Adriano Huebner, pela dedicação e entusiasmo demonstrados na organização, apresentação e produção dos eventos de lançamento de *O farol*.

Nesta nova edição revisada da KBR, incluindo a versão digital e com tradução para o inglês, não poderia deixar de louvar o excelente trabalho realizado, tendo contado com o dedicado apoio de sua diretoria e de sua competente equipe.

CARTA AO LEITOR

As informações prestadas neste livro são sempre apoiadas em argumentos claros e exemplos práticos, baseados em minha experiência pessoal vivenciada ao longo de muitos anos.

Na realidade, *O farol* é fruto de uma falta, um subsídio de que necessitavam os empresários e seus colaboradores, falta que detectei enquanto tentava descobrir suas dificuldades, trabalhando com eles de forma adequada para solucioná-las com presteza e precisão.

Muitas das ferramentas apresentadas são também fruto de extensas pesquisas — de campo e bibliográficas —, seminários e treinamentos dos quais participei em vários países ao longo de minha vida, principalmente na Alemanha, instrumentos que empreguei no meu trabalho como consultor junto a vários setores empresariais do Brasil e da América Latina, obtendo quase sempre bons resultados e, principalmente, a satisfação daqueles que me propus a ajudar, o que demonstrava que tínhamos alcançado nossos objetivos.

Assim sendo, posso afirmar que a presente obra representa um instrumento de grande ajuda ao empresário na solução de seus problemas cotidianos, encorajando ainda a prática de capacitação continuada, extensiva aos seus colaboradores. Da mesma forma, pode contribuir substancialmente para aqueles que estão se preparando para exercer a nobre profissão de consultores empresariais.

Marcos Alberto von Bahten

Prefácio

A dinâmica do mercado mundial impõe aos empreendedores e gestores a necessidade de atualizar permanentemente suas práticas administrativas e operacionais. O comprometimento das empresas com a qualidade de seus produtos e serviços, o preço adequado, o respeito ambiental, a política social e o envolvimento com a sociedade ganha importância crescente, e oferece à marca visibilidade positiva.

A capacidade de alcançar novos e maiores índices de competitividade é um dos mais complexos desafios da gestão empresarial. Para superá-los, é fundamental que os executivos tenham acesso a novos conhecimentos, e a sabedoria de aproveitar aquilo que realmente pode contribuir com o desenvolvimento e a inovação de seus negócios.

Neste cenário, é muito bem-vinda a nova obra do professor e consultor Marcos Alberto von Bahten, *O farol*, que vem realmente iluminar os caminhos do saber e contribuir de forma significativa para a evolução do conhecimento empresarial, oferecendo pontos de vista atualizados sobre a gestão executiva de forma didática e objetiva, favorecendo, assim, seu entendimento e aplicação.

É gratificante ler e aproveitar mais este valoroso trabalho do autor, que leva na bagagem uma ampla experiência em educação e consultoria. O trabalho realizado em mais de uma centena de empresas, no Brasil e na América Latina, o credencia a lançar uma obra atualizada, voltada às necessidades de atualização dos profissionais que atuam no mercado.

Ressalta-se, ainda, a identificação de Marcos com as empresas do Planalto Norte-Catarinense. Sua passagem pela Fundação de Ensino, Tecnologia e Pesquisa (FETEP) e também pela gestão do poder público tornaram-no profundo conhecedor da economia regional. Certamente essa significativa atuação contribuiu para enriquecer o conteúdo da obra.

O farol destina-se aos que têm o desejo de concretizar seu próprio negócio, bem como aos que já administram suas empresas ou atuam como gestores e executivos. Publicações como esta ajudam a qualificar os profissionais e, como consequência, contribuem para a permanente evolução do mundo empresarial.

O farol certamente se tornará mais uma leitura de cabeceira para as pessoas que desejam permanecer no caminho da evolução. A leitura agradável e construtiva torna o conhecimento um aliado do desenvolvimento, e esta é mais uma grande contribuição que o amigo e professor Marcos Alberto von Bahten faz à sociedade.

Frank Bollmann

Preliminares

O importante projeto de parceria realizado entre ACIs (Associações Comerciais e Industriais) de Santa Catarina — mais tarde denominadas Fundação Empreender — e a HWK — Câmara de Artes e Ofícios de Munique e Alta Baviera da Alemanha — trouxe inúmeros benefícios para o desenvolvimento econômico de pequenas e microempresas no Brasil e na América Latina. O fortalecimento das respectivas Associações Empresariais foi consequência direta da elaboração de uma metodologia adequada a esta finalidade, categoria em que se encaixa este trabalho.

Podemos ir ao teatro, assistir a conferências e aulas ou frequentar concertos e galerias de arte — tudo isso faz parte da nossa formação humanística e cultural. Mas, no fundo, é nos livros que está a maior parte do que aprendemos. Quando lemos, seu conteúdo adentra o espírito e o intelecto da nossa civilização.

Para o prezado leitor que tem aqui seu primeiro contato comigo, são necessárias algumas palavras de apresentação. Percorri um longo caminho desde minhas primeiras vivências como militar, professor, pesquisador, empresário e consultor. A experiência e os conhecimentos que adquiri me moldaram ao longo destes anos, me capacitando a transmitir aos empresários e profissionais ferramentas que podem ajudá-los em suas tarefas do dia a dia. Sempre que menciono empresários, refiro-me a todos os empreendedores, seja da área agrícola, industrial, comercial ou de serviços.

Refiro-me às melhores práticas à disposição do empresário que queira atuar como consultor em sua empresa, ou mesmo facilitar o exercício da nobre missão de consultor.

No início de 1976, o então prefeito de São Bento do Sul, Sr. Oswaldo Zipperer, convidou-me a implantar naquele município a Fundação de Ensino, Tecnologia e Pesquisa — FETEP; vi nesta missão a possibilidade de continuar fazendo aquilo que sempre foi a razão de ser de minha vocação profissional, o trinômio "Ensino/ Pesquisa/ Extensão".

Figura 1 - Marcos von Bahten, diretor executivo da FETEP, discursando na cerimônia de inauguração, ao lado do Secretário de Indústria e Comércio de Santa Catarina, Prof. Honorato Tomelin, e do vice-governador do Estado, Henrique Córdova.

Cumpre esclarecer que se tratava de uma entidade privada, sem fins lucrativos, que deveria ser mantida pelas empresas a ela associadas, por contribuições de entidades públicas e privadas e pela receita de serviços prestados. A FETEP é um exemplo de entidade público-privada praticada hoje em dia, com ênfase no desenvolvimento tecnológico de empresas com sustentabilidade ambiental.

Figura 2 - Marcos Alberto von Bahten representa Santa Catarina na Feira de Berlim, ao lado do cônsul brasileiro em Berlim.

Figura 3 - Von Bahten representa o Brasil em evento patrocinado pela Jetro no Japão, onde divulgou a Indústria Moveleira do Brasil, com destaque para o polo regional de São Bento do Sul.

No início de 1993, fui convidado pelo empresário Álvaro Weiss, então presidente da Associação Comercial e Industrial (ACI) de São Bento do Sul-SC, para, como consultor, implantar no município um trabalho desenvolvido em parceria entre a ACI e a HWK (Câmara de Artes e Ofícios de Munique e Alta Baviera da Alemanha). Tratava-se do fortalecimento de pequenas e microempresas por meio da criação de Núcleos Setoriais (grupo de empresas do mesmo ramo), capacitação de empresários e desenvolvimento da própria associação empresarial.

A equipe técnica e administrativa era coordenada por Max Hermann, cabendo a Ludwig Stock a coordenação da equipe da HWK. Para desempenhar essa nova missão, fui levado a complementar minha expertise através de cursos, treinamentos e estágios no Brasil e na Europa.

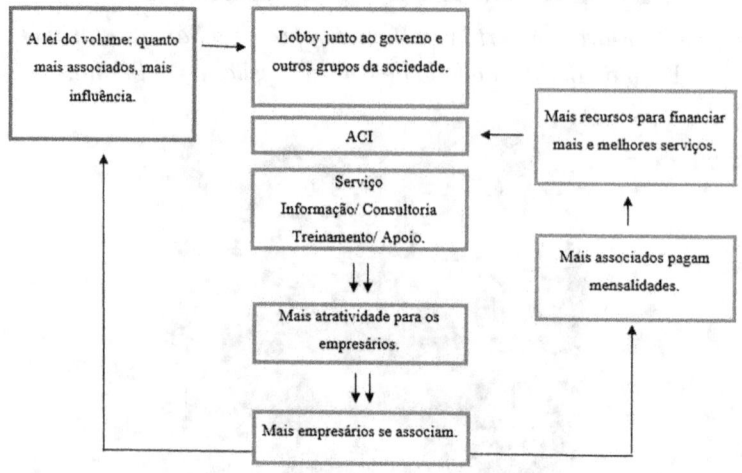

Figura 4 - Um exemplo do desenvolvimento de uma associação empresarial

O intenso intercâmbio Brasil-Alemanha incluiu transferência de tecnologia em vários campos, contando com a colaboração, por exemplo de um mestre alemão em panificação e outro mestre em marcenaria, que interagiram com líderes das

ACIs locais, como Álvaro Weiss (presidente da ACI de São Bento do Sul) e com fabricantes de móveis.

Meu primeiro ato ao assumir a consultoria desse projeto foi implantar uma parceria entre as ACIs de São Bento do Sul, Rio Negrinho e Campo Alegre, para que pudessem, de forma integrada, implantar as novas diretrizes, facilitando a criação dos núcleos setoriais devido ao maior número de empresas envolvidas nos diversos setores econômicos. A melhoria tecnológica e gerencial, através da transferência de informações e treinamento dos participantes, tornou-se possível porque o custo foi diluído entre os membros de cada grupo.

Obedecidas certas regras previamente definidas, o intercâmbio permitia ainda enviar um colega para um estágio de 90 dias numa empresa similar em Munique, na Alemanha. Ao retornar, tinha como incumbência repassar a todo o grupo a experiência adquirida.

Em 1995, a equipe técnica e administrativa da parceria ACI x HWK me incumbiu de divulgar seu projeto e implantá--lo em mais cinco ACIs do Estado de Santa Catarina. No final de 1996. Passei a ser consultor da Fundação Empreender, congregando 17 Associações Empresariais do Norte e Nordeste do Estado.

Pouco tempo depois, em 1997, foi criado o Projeto Empreender (P.E.), envolvendo nova parceria entre a FACISC (Federação das Associações Comerciais e Industriais de Santa Catarina) e o SEBRAE, e fui encarregado de sua implantação, juntamente com Ederaldo Ribeiro.

Em 2000, quando o projeto foi ampliado, passando, no final do ano, a envolver 115 ACIs, fui novamente convidado para exercer o cargo de Supervisor do Projeto.

No período de 1995 a 2000, realizei ainda realizou vários trabalhos em outros estados do Brasil e em alguns países da América do Sul, entre eles uma consultoria ao Centro Tecnológico de La Madeira e GTZ na região de Missiones, Argentina, 1997; consultor de acompanhamento para avaliação e orientação na implantação do Projeto Empreender, com ações dirigidas às ACIs de Chapecó, Xanxerê, Concórdia, Joaçaba, Caçador, Lages, Rio do Sul, Fraiburgo, Curitibanos, São Lourenço do Oeste e mais 11 cidades distribuídas na região de Xanxerê, Lages e Rio do Sul; consultoria e treinamento no projeto de parceria entre a Câmara de Artes e Ofícios de Essen, Alemanha, e a Fundação Francisco Lisboa (Aleijadinho), em Ouro Preto, Minas Gerais, projeto Capacitar, tornando viável sua implantação; consultoria ao Profom (Proyecto de Fomento de la Pequeña Industria y Artesania) e GTZ em Santa Cruz de La Sierra, Bolívia; e consultoria e treinamento ao projeto de parceria entre a Luso/Consult Unión Industrial Paraguaya (UIP) e GTZ em Assunção Paraguai.

Lista de siglas e abreviações utilizadas neste livro

ACI – Associação Comercial e Industrial
AE – Associação Empresarial
AMPE – Associação da Micro e Pequena Empresa
BADESC – Banco de Desenvolvimento do Estado de Santa Catarina
CACEX – Carteira de Comércio Exterior do Banco do Brasil
CDL – Câmara dos Diretores Lojistas
CNPq – Conselho Nacional de Pesquisas e Desenvolvimento Tecnológico
CR – Consultor Regional
ECA – Encontro de Consultores de AE e agentes de articulação do Sebrae
FAB – Força Aérea Brasileira
FACISC – Federação das Associações Comerciais e Industriais de SC
FATMA – Fundação de Amparo Tecnológico ao Meio Ambiente
FE – Fundação Empreender
FETEP – Fundação de Ensino, Tecnologia e Pesquisa
FIESC – Federação das Indústrias do Estado de Santa Catarina
FINEP – Financiadora Nacional de Estudos e Projetos
FURJ – Fundação Regional de Joinville

GTZ – Entidade da Alemanha para o trabalho de desenvolvimento tecnológico

HWK – Câmara de Artes e Ofícios de Munique e Alta Baviera da Alemanha

IBCT – Instituto Brasileiro de Informação em Ciência e Tecnologia

IPT – Instituto de Pesquisas Tecnológicas da Universidade de São Paulo

JETRO – Organização do Comércio Exterior Japonês

MPE – Micro e Pequena Empresa

NS – Núcleo Setorial

P&D – Pesquisa e Desenvolvimento

PE – Projeto Empreender

SAMAE – Serviço Autônomo Municipal de Água e Esgoto

SEBRAE – Serviço Brasileiro de Apoio à Micro e Pequena Empresa

UFSC – Universidade Federal de Santa Catarina

UNIVILLE – Universidade Regional de Joinville

USP – Universidade de São Paulo

Introdução

Resolvi escrever sobre o tema "consultoria" por sugestão de leitores que, em várias ocasiões, demonstraram interesse em conhecê-lo em maior profundidade, e também por constatar sua grande importância na solução de inúmeras dificuldades que perturbam os profissionais e empresários dos mais diversos setores econômicos.

O mundo que nos rodeia confronta-nos com frequência com as mais variadas incógnitas, exigindo rápidas decisões, muitas vezes intimamente ligadas não somente a questões profissionais ou empresariais, mas também à vida particular.

É comum se ouvir dos integrantes das áreas administrativas dúvidas em relação à esfera tecnológica, por exemplo, enquanto os da área técnica sofrem para resolver problemas vinculados à área administrativa, isto, por desconhecerem os princípios fundamentais de cada área. Às vezes também nos deparamos com situações conflitantes em nossa própria área de expertise ou empresa. Portanto, é recomendável que cada um conheça os mecanismos que podem nos ajudar a escolher as ferramentas mais adequadas, tanto para identificá-los como para solucioná-los.

Nos capítulos seguintes, nos ocuparemos das "melhores práticas", necessárias e indispensáveis para que o empresário possa atuar com eficiência, por si mesmo ou em colaboração com um consultor, e como treinar, aconselhar e orientar pessoas, profissionais e empresários, de forma prática e didática e, principalmente, de fácil aplicação. Abordaremos tanto a consultoria individual como em grupo, desmistificando o tabu da consultoria.

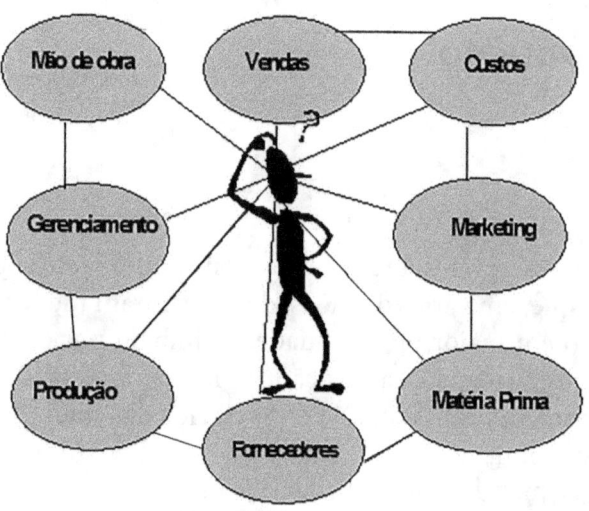

Figura 5 - O consultor buscando soluções

Meu intento é não somente transmitir informações, mas, principalmente, compartilhar conhecimento que você poderá utilizar com segurança em busca de suas soluções, seja como empresário ou como consultor independente, fornecendo um leque de opções para cada caso.

Quando exercia a função de consultor junto às ACIs, atendendo a uma centena de empresas de vários setores econômicos, pude perceber que a maioria dos empresários desconhecia a importância do trabalho de consultoria. Escrevi *O farol* para suprir esta falta, através de práticas e ferramentas de fácil aplicação, que fogem ao tradicional formato acadêmico.

As estatísticas mostram que mais da metade das micro e

pequenas empresas que hoje se estabelecem, fecham suas portas dentro de um ano ou dois. Uma das razões para isso é o isolamento do empresário, que não confia em seus colegas ou entidades nem recorre a eles para obter ajuda. Quando ocorrem as primeiras dificuldades, começa a improvisar, e daí para frente tudo começa a se complicar. Em pouco tempo, se vê sem saída e começa a se desesperar, a ponto de decidir fechar seu estabelecimento.

Este livro poderá ajudá--lo a entender como, com a ajuda de sua equipe, poderá encontrar a solução para seus problemas. Da mesma forma, poderá tomar conhecimento da mesma dificuldade sendo enfrentada por colegas do mesmo

Figura 6 - É preciso um bom nariz para "farejar" os problemas e suas soluções

ramo de atividade, e, assim, vislumbrar outras saídas em situações análogas. Dois empresários do mesmo ramo, por exemplo, podem perceber que é possível reunir alguns colegas e contratar um consultor independente para orientá-los.

Capítulo 1
Considerações iniciais

Antes de mostrar em que consiste uma consultoria, vou relacionar alguns pré-requisitos para que você possa se situar, caso tenha interesse em realizar esse trabalho gratificante.

Eis os principais:

1. Formação profissional - nível médio ou superior e base teórica para identificar, acompanhar e solucionar problemas ligados ao *input, throughput e output* de uma empresa;

2. Iniciativa - ter mentalidade executiva, saber fazer e partir para a ação;

3. Criatividade - inovar sempre e liderar mudanças;

4. Habilidades múltiplas - uma exigência fundamental para quem quer vencer na vida; e

5. Idiomas - dominar dois ou mais.

"Consultor", segundo o dicionário, é aquele que dá conselhos ou parecer sobre determinado assunto de sua especialidade. Um consultor jurídico, por exemplo, atua na área legal, um consultor técnico na sua área de conhecimento e assim por diante. Já "consultar" significa pedir conselho, instrução, opinião ou parecer sobre qualquer assunto.

No quadro 1, vemos resumidas as principais características de um consultor.

Pessoais	Técnicas	Metodológicas
Pontualidade	Conhecimento	Capacidade de
Empatia	tecnológico e gerencial	organização
Credibilidade	Vivência prática	Metodologia Metaplan
Dinamismo	Planejamento estratégico	Organização de ideias
Sensibilidade	Apresentação de	*Brainstorming*
Imparcialidade	informações	FOFA
Saber ouvir	Formação eclética	PDCA
Ter senso crítico	Elaboração de projetos	GUT
Ser comunicativo	Análise de projetos	Método, causa e efeito
Ter maturidade		5W1H
Ter bom senso		Solução de problemas
Ser flexível		
Ser criativo		
Ser perceptivo		
Ser organizado		
Ter habilidade para analisar		

Quadro 1 – Características de um consultor

A prática tem demonstrado que uma pessoa que tenha os pré-requisitos e apresente as características acima descritas tem todas as condições para prestar consultoria individual ou em grupo em empresas cuja área de atividade nem sempre é exatamente a que corresponde à sua formação técnica.

E o que é consultoria individual e consultoria em grupo? Os próprios termos se autoexplicam: individual é oferecida para uma pessoa, o profissional ou o empresário, que, tendo alguma dificuldade na condução de sua profissão ou negócio, apela para alguém que domina o assunto. Consultoria em grupo é oferecida a um grupo de pessoas pertencentes à mesma empresa ou, eventualmente, a participantes de mais de uma empresa.

Muitas vezes, a verdadeira causa do problema só é detectada após o primeiro contato entre o cliente e o consultor: na entrevista inicial, o consultor emprega uma metodologia que permite ao cliente detectar problemas sobre os quais ainda não havia refletido.

Métodos de consultoria

O cliente pode ou não ser dono de uma empresa; daqui por diante irei me referir a ele como "empreendedor". É claro que um primeiro passo é construir entre os dois um clima de grande confiança, já que o empreendedor busca soluções para um problema que o aflige na condução de seu negócio.

O segundo passo é localizar o problema, que pode estar em uma das funções executadas pela empresa. Tal tarefa caberá ao empresário, se tiver a aptidão necessária, ou ao consultor contratado, mediante a observação direta ou através de informações verbais ou documentais. Localizado o problema, identifica-se a causa, ou causas, que contribuíram para a dificuldade apontada. Um profissional que domina o assunto poderá indicar com rapidez os caminhos para a solução; digo caminhos porque, muitas vezes, o bom profissional indica mais de uma alternativa.

Input	Throughput	Output
Compras	Gerenciamento	Vendas
Materiais	Tecnologia	Marketing
Estoque	Pessoal (RH)	Clientes
Fornecedores	Organização	Transportes
	Instalações	Representantes
	Produção	
	Máquinas	
	Custos	

Quadro 2 - Funções de uma empresa

Examinaremos em detalhe as diversas metodologias, ferramentas e mecanismos que podem ser empregados. Começaremos pela "Metaplan", na realidade uma metodologia de planejamento que constrói o resultado através da contribuição de cada participante, sendo tudo visualizado de forma permanente.

A visualização é feita por fichas de papel, de vários

formatos e cores. O tamanho mais empregado equivale a um quarto de uma folha A4. Formatos diferentes e cores variadas são empregados para tornar a visualização mais clara, destacando os pontos mais importantes do problema analisado.

No quadro 3, as principais regras e procedimentos para a visualização dessa metodologia.

Escrever uma só ideia em cada ficha	Ser claro e conciso
Cada ideia deve ser compreensível por si só	Evitar termos genéricos
Escrever com letra legível	Coordenar o uso de cores e formatos das fichas

Quadro 3 - Metaplan: procedimentos visuais básicos

O ideal é usar pincel atômico em vez de lápis ou caneta, porque as linhas ficam mais encorpadas e o texto mais visível à distância. Como as fichas são de várias cores, é recomendável escrever sempre em azul ou preto.

O processo tem início quando o consultor faz uma pergunta específica para desenvolver um tema, envolvendo imediatamente o empreendedor, que tenta dar as respostas adequadas para alcançar os objetivos da consultoria. Esta pergunta deve abordar os seguintes pontos:

(a) para que serve?
solucionar o problema
motivar a reflexão do empreendedor
focalizar a atenção do empreendedor
gerar conhecimento sobre o assunto

(b) como deve ser feita?
formulada com precisão
despertando o interesse
induzindo a reflexão
sendo atraente para o empreendedor

Para atingir esse objetivo o consultor deve empregar a

técnica conhecida como *brainstorming* (tempestade de ideias). Voltaremos a ela no Capítulo 3.

A pergunta que o consultor formula deve centrar-se no tema em discussão. Deve ser clara e de fácil entendimento, não deixando margem a dúvidas. O questionamento não pode ser dirigido ao setor em que o empreendedor atua, mas especificamente à sua empresa.

É recomendável que o consultor leia a pergunta e dê algumas explicações a respeito. Caso levante muitas dúvidas, deve mudar a redação ou mesmo substitui-la inteiramente.

Existe uma ferramenta que nos ajuda a identificar o caminho mais apropriado na busca de solução para determinadas dificuldades que o empresário enfrenta. Trata-se do FOFA — Pontos **F**ortes/ **O**portunidades/ Pontos **F**racos/ **A**meaças. Vamos ver como funciona e exemplificar sua aplicação prática por meio de um exercício.

FOFA consiste em uma matriz de duas entradas, que permite distinguir os aspectos positivos e negativos de uma determinada situação. Pode ser interno ou externo. Combinando os quatro aspectos, teremos distintas atitudes e modos de atuação.

	Pontos Fortes	Oportunidades	
PODEMOS CONTROLAR	Características positivas são aquelas que nos diferenciam da concorrência. São internas ao seu projeto. Use-as!	Possibilidades positivas são aquelas que estão no mercado para todas as empresas. Tome a iniciativa. Aproveite-as!	**NÃO PODEMOS CONTROLAR**
	FOFA		
	Pontos Fracos	Ameaças	
	São características internas, diretamente relacionadas às atividades específicas, permitindo a definição de uma estratégia. Elimine-as!	São características externas que podem incidir negativamente no desenvolvimento de seu projeto. Evite-as!	

Resumindo, podemos afirmar que FOFA é um instrumento de análise para a tomada de decisões na pequena e microempresa, podendo ser utilizado para (a) identificação de projetos; (b) desenvolvimento de produtos; (c) solução de problemas; e (d) tomada de decisões.

Como se trata de um processo de discussão, poderá ser utilizado pelo consultor para qualquer pergunta específica dirigida ao empreendedor. Se a solução não fica clara logo de início, pode ser colocada numa ficha que é posta à vista dos participantes do processo, num cavalete ou parede próxima, para que possa ser visualizada enquanto o diálogo prossegue.

No seu entender, quais são os pontos fortes, oportunidades, pontos fracos da sua empresa e o que a ameaça?

Pontos fortes (Usar)
Características positivas que podemos controlar:

Pioneirismo	Equipamentos de última geração	Área física adequada para a produção
Produtos atendendo às exigências dos clientes	Trabalho em equipe	Metodologia apropriada

Oportunidades (Aproveitar)
Possibilidades positivas que estão no mercado:

Lançamento de novos produtos	Capacitação continuada	Oportunidade de novos negócios
Intercâmbio de informações com colegas	Melhoria dos equipamentos	União de empresários do mesmo ramo

Pontos Fracos (Eliminar)
Características negativas que estão presentes internamente:

Produtos de baixa qualidade	Falta de vontade dos colaboradores	Equipe com pouca experiência
Pouca divulgação dos produtos	Equipamentos com defeitos	Falta de pedidos

Ameaças (Evitar)
Possibilidades negativas que estão no mercado:

Desinteresse dos colaboradores	Interesses políticos	Concorrentes com projetos mais atraentes
Resistência a mudanças	Marketing insuficiente	Produtos com baixa aceitação no mercado

Na prática, o consultor deverá entregar ao empresário fichas em quatro cores, cada uma cor para cada campo do FOFA. O empresário deverá elaborar duas ou mais respostas para cada item, em fichas separadas nas cores correspondentes ao campo. Em seguida, deve colocá-las abaixo da pergunta. Depois de completado o quadro, procede-se à devida análise.

Discutidas as respostas, o empresário irá perceber que o problema que enfrenta deve estar relacionado no campo dos pontos fracos. Eliminadas esses pontos fracos, muitas vezes estará solucionada a dificuldade. Da mesma forma, utilizando os pontos fortes e estando atento às oportunidades que se apresentam no mercado, poderá melhorar pouco a pouco o seu desempenho. Quanto às ameaças, deverá evitá-las.

Como os pontos fracos, em geral, ocorrem como resultado de uma causa, esta deve ser buscada para que seja eliminada ou corrigida, procedimento que abordaremos em seguida. Antes, porém, darei um exemplo prático com possíveis respostas para a pergunta acima.

Vamos agora buscar as causas dos pontos fracos identificados pelo empreendedor, para que o consultor possa dar as devidas orientações no sentido de eliminá-las.

O caminho mais fácil é empregando o "Diagrama de Ishikawa ou Espinha de peixe", uma ferramenta para organizar as ideias, esclarecendo a diferença entre causa e efeito. Dessa forma, conseguimos definir a verdadeira causa de um problema.

As causas são agrupadas no formato "6M": Mão de obra, Máquina, Método, Matéria-prima, Meio ambiente e Medição. Convém ressaltar que não é necessário usar sempre os seis itens, já que em determinadas situações existirão, por exemplo, apenas quatro.

Mão de obra: todos os aspectos relacionados ao trabalhador, como treinamento, responsabilidade, nervosismo, condições de trabalho, grau de instrução, relacionamento, problemas sociais;

Máquina: todos os itens ligados aos equipamentos, como fixação da máquina, manutenção, jogo ou folga de elementos, fixação da peça ou ferramenta, identificação visual, influência da temperatura, armazenagem, rotação/ avanço;

Método: itens relacionados ao procedimento operacional, como planejamento incorreto, sequência das operações, clareza, especificações desatualizadas, facilidade de execução, metodologia deficiente;

Matéria-prima: aspectos referentes à matéria-prima empregada, como qualidade, propriedades físicas ou mecânicas, prazo de entrega, especificações, condições de armazenagem, fornecedores;

Meio ambiente: relacionamento com o ambiente de trabalho e com o meio ambiente em geral, tais como condições de temperatura, pressão, ruído, iluminação, higiene; e

Medição: condições dos instrumentos de medição, como calibração, precisão, conservação, frequência de amostragem, inspeção.

A ferramenta pode ser usada como um *diagrama sequencial*, uma forma sequencial e ordenada para se descrever uma atividade e suas etapas. No exemplo abaixo, as etapas de preparo do café:

— aquecimento da água;
— montagem da cafeteira;
— colocação do pó na cafeteira;
— verificação da fervura da água;
— ação de coar o café; e
— adoçar o café.

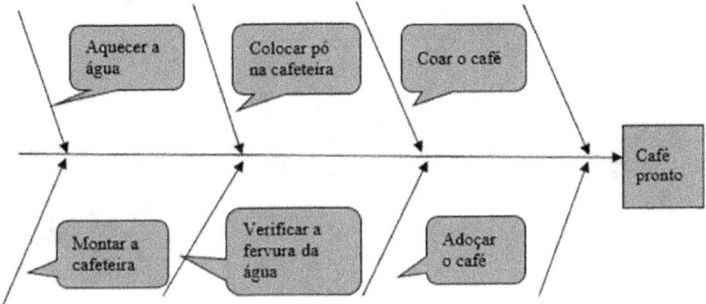

Figura 7 - Diagrama sequencial do preparo do café

Outras vezes é utilizada como *diagrama de causa e efeito*, uma maneira fácil de representar todos os fatores (causas) que contribuem para que ocorra um determinado problema (efeito).

Na Espinha de Peixe abaixo, o "efeito" analisado foi "carro não pega", com diversas possíveis causas.

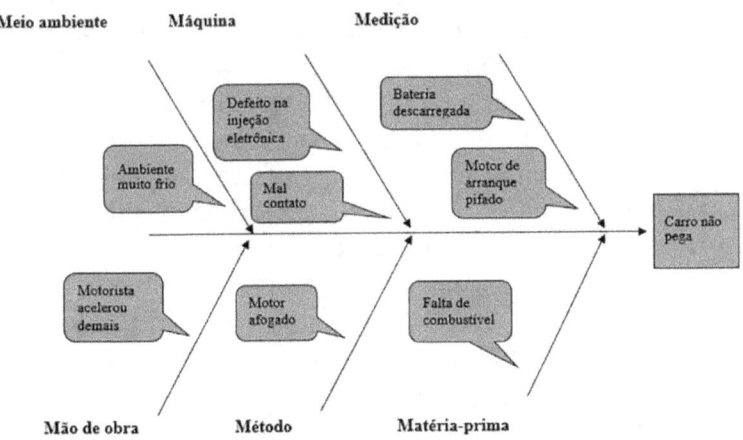

Figura 8 - Diagrama de causa e efeito

Vamos agora aplicar esse diagrama no quesito "pontos fracos", "Produtos de baixa qualidade". Montando a Espinha de Peixe com 4M, teremos a seguinte figura:

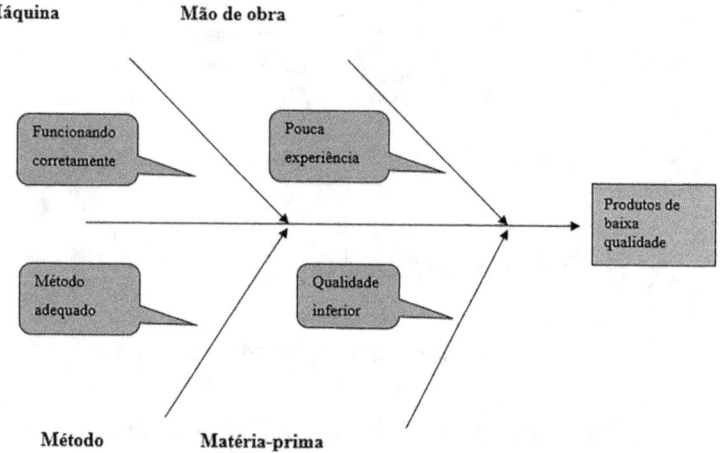

Figura 9 - Produtos de baixa qualidade

Analisando as causas, verificamos que os produtos têm baixa qualidade devido ao uso de matéria-prima de qualidade inferior, somado ao despreparo da equipe. Eliminaremos essas causas comprando matéria-prima de boa qualidade e treinando os colaboradores nas operações que são executadas inadequadamente.

É claro que desta forma não esgotamos todas as causas que originaram a má qualidade dos produtos; nosso propósito não é esgotar o tema, mas mostrar o funcionamento do diagrama. Nessa etapa do processo, o consultor deverá alertar o empresário de que não é suficiente ele determinar a compra de matéria-prima de melhor qualidade e oferecer um curso de treinamento. Há necessidade de um *follow-up* para certificar-se de que a qualidade atingida atende às exigências dos clientes, o que pode ser alcançado aplicando o ciclo PDCA — "**Planejamento**", "**Desenvolvimento**", "**Checagem**", "**Ajuste**" — um método para a "Prática de Controle" de processos, visando, por meio de um controle continuado, a manter ou melhorar o nível estabelecido anteriormente.

Objetivos do PDCA:

— manutenção do nível de controle estabelecido pela diretriz de controle; e

— estabelecimento de uma nova "diretriz de controle", da qual decorre um novo "nível de controle".

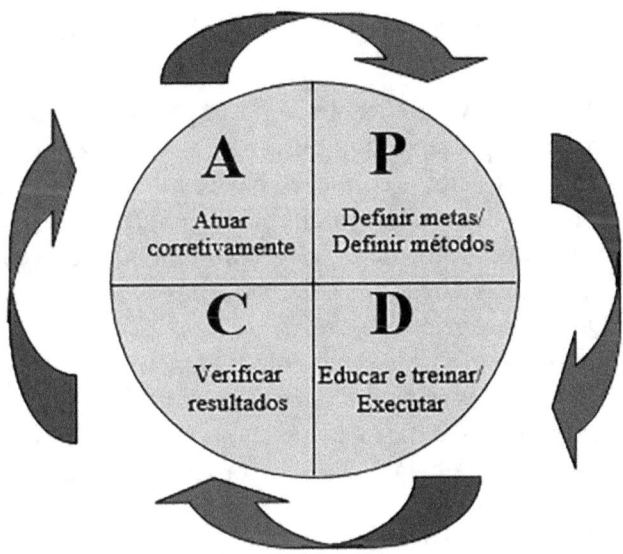

Figura 10 - Ciclo PDCA

Para definir os valores e dados da etapa inicial "P" recomendo a aplicação do Diagrama de Ishikawa ou Espinha de Peixe. Uma vez elaborados os primeiros passos do caminho do PDCA, vamos proceder ao passo "D", execução do *Plano de Ação* pelo *método 5W1H*.

Uma vez concluído o Plano de Ação, passaremos para o passo seguinte, que trata de conferir se as ações empregadas deram um resultado efetivo. Sendo bem-sucedidos, deveremos estabelecer procedimentos operacionais que garantem o cumprimento dos novos padrões. Caso contrário, deveremos retornar ao primeiro passo e levantar novas informações (fatos e dados).

Plano de Ação (5W1H)

What: O que fazer? Quais os itens do controle?

When: Quando exercer o controle?
Where: Onde são exercidas as ações de controle?
How: Como exercer o controle?
Why: Por que, e em que condições o controle será ativado?
Who: Quem participará das ações recomendadas?

O Plano 5W1H é muito importante porque nos permite, em determinado processo, agir buscando a padronização, ou, caso necessário, fazendo novas correções. No exemplo acima, teremos:

O que fazer? Quais os itens de controle?

Vamos analisar todos os fatores envolvidos e selecionar o item "Pouca experiência dos colaboradores".

Quando exercer o controle?

No nosso exemplo, seria imediatamente.

Onde são exercidas as ações de controle?

Em todas as etapas nas quais os colaboradores demonstram pouca experiência. Nesse caso, devemos especificar os cursos necessários.

Como exercer o controle?

Indicando o grau de prioridade de cada curso. Como selecionamos somente um item, vamos dar-lhe a prioridade um. Caso tivéssemos selecionado mais itens, faríamos as respectivas classificações.

Por quê? Em que condições o controle será ativado?

Devemos ativá-lo sempre que cair a qualidade dos produtos.

Quem participará das ações necessárias?

Todos os colaboradores pertencentes ao setor produtivo no qual caiu a qualidade.

Aplicando os mecanismos especificados, você estará apto a proceder à consultoria solicitada pelo empresário, quer dizer, estará em condições de eliminar as causas que originaram os pontos fracos na empresa.

Claro que, para isso, deverá considerar a sua formação e, principalmente, a sua experiência, pois somente um aprendizado aplicado corretamente permitirá a substancial melhoria no desempenho de sua atividade profissional.

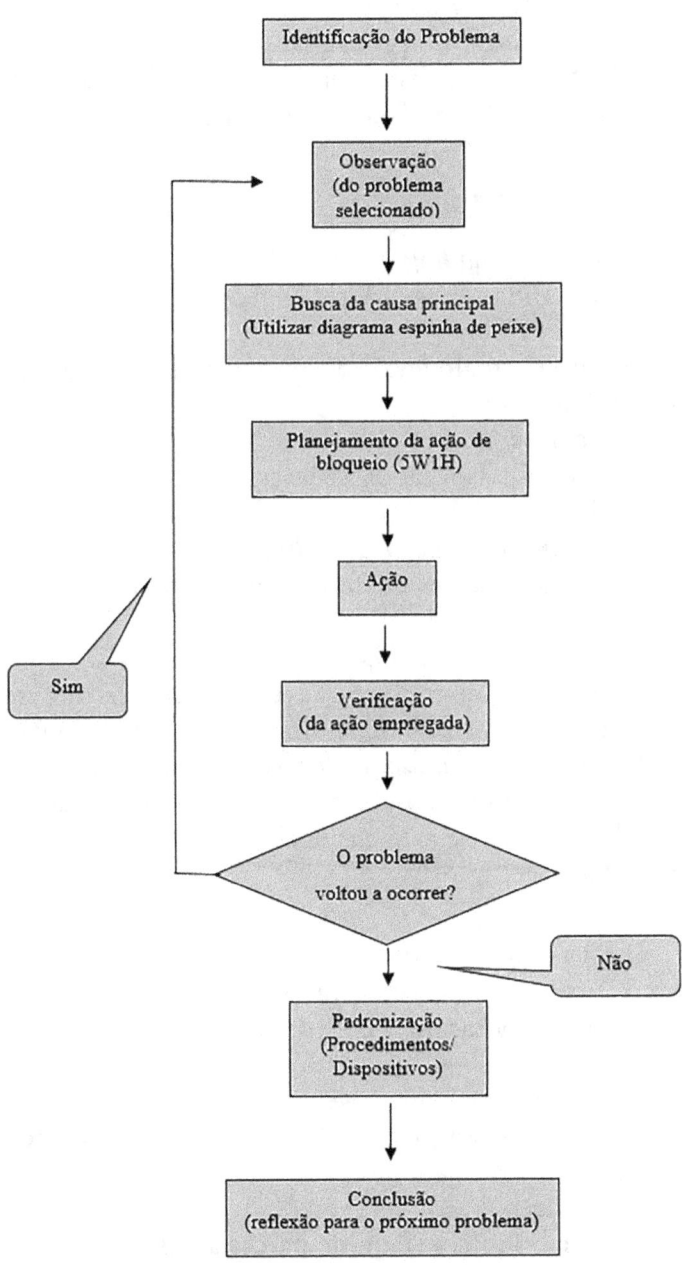

Figura 11 - Resumindo o PDCA na solução de problemas, em 8 passos.

Resta esclarecer que existem ainda outros métodos para a solução desses mesmos problemas. Para exemplificar, vamos aplicar o Método da Análise — situação atual x situação desejada — e um "Plano de ação" diferente do anterior.

Método da Análise

Como funciona hoje?
Com alguns colaboradores com pouca experiência.
Por que é assim?
Porque normalmente não há oportunidade de receberem um treinamento.
Como deveria ser?
Todos os colaboradores deveriam receber um treinamento teórico e prático.
O que impede o alcance da situação desejada?
A falta de recursos e definição de instrutores capacitados para executar o treinamento.
Qual seria a situação ideal?
Todos os colaboradores deveriam receber um treinamento teórico e prático, além de um estágio supervisionado.
Que fatores dificultam o alcance da situação ideal?
A falta de previsão orçamentária para a realização dos cursos e, muitas vezes, a inexistência de escolas profissionalizantes no local.

Dada a dificuldade de se encontrar uma solução definitiva para o treinamento dos colaboradores envolvidos nas operações, devemos elaborar um Plano de Ação:
O que fazer?
Buscar uma entidade governamental ou privada para estabelecer uma parceira no sentido de aplicar o treinamento e fornecer estágio aos colaboradores.
Como fazer?
Mediante um convênio de parceria dessa empresa com as entidades de treinamento envolvidas.
Quem vai fazer?

O chefe de produção, e, na sua ausência deste, o próprio empreendedor.

Com quem?

Com os responsáveis pelas entidades de treinamento na região.

Onde?

Na capital do Estado ou outro local apontado.

Em que prazo?

Dentro de 30 dias a partir da data de hoje.

Quem vai controlar?

O gerente da empresa.

Dependendo da empresa, é claro que os pontos fracos poderiam ser diferentes das que apontamos em nosso exemplo, abrangendo outros aspectos, como fornecedores ineficientes, gerenciamento inadequado, instalações precárias, custos incorretos, vendas fracas, marketing pouco agressivo, clientes insatisfeitos, e assim por diante.

Capítulo 2
Consultoria em grupo

É importante lembrar que existe, conforme já frisamos, uma demanda por consultorias nas empresas, seja individual ou em grupo. Convém salientar que a oferta nem sempre corresponde às expectativas do empreendedor, e é crucial que o trabalho esteja voltado para a satisfação do cliente.

O primeiro passo consiste em oferecer serviços que correspondam às melhores práticas em todas as atividades. Como a primeira pessoa com quem o consultor se depara é o empresário, é importante saber como abordá-lo. Nem sempre o empresário está disposto a dialogar, mas, se você se municiou de informações prévias através de pesquisas e de colegas do empreendedor, seu caminho será mais fácil.

Identifique-se como alguém que está disposto a ajudá-lo, desperte a confiança do empreendedor. Obtida a empatia, faça uma pergunta relacionada ao mundo dos negócios, especialmente ligada ao setor de atuação de seu cliente. Em pouco tempo você poderá descobrir possíveis dificuldades que ele está enfrentando. Mostre seus conhecimentos sobre o assunto, de modo a persuadi-lo a desencadear um diálogo a respeito. Muitas vezes seu cliente estará em dúvida a respeito de "onde o calo está apertando". Sugira a realização de um diagnóstico na área conflitante.

Até aqui abordamos a consultoria individual, que nem sempre é a forma mais adequada, especialmente para as MPEs (micro e pequena empresa), caso em que aconselho a oferecer uma consultoria em grupo, também conhecida como consultoria coletiva, que deverá envolver "a prata da casa", isto é, a equipe de confiança do empreendedor: são as pessoas que executam e controlam as tarefas dos demais colaboradores, geralmente os encarregados ou chefes dos diversos setores dentro da empresa. Trabalhando com eles, surgirá uma forma mais rápida de identificar os problemas, abrindo o leque de opções.

É recomendável fazer o trabalho dentro da empresa, no escritório, ou numa sala disponível para o encontro no final do expediente. Nesse caso, deve-se providenciar um lanche para ser servido no intervalo da consultoria. A duração das reuniões não deve ultrapassar duas horas e trinta minutos, e as razões desse limite podem facilmente ser identificadas no quadro abaixo:

Etapa 1	10 minutos	Os participantes ainda estão com o pensamento fora da sala de reunião. Existe pouco interesse!
Etapa 2	15 minutos	Os participantes começam a ficar atentos sobre os temas abordados. O interesse está aumentando.
Etapa 3	100 minutos	Os participantes estão na fase mais produtiva. O interesse é grande.
Etapa 4	20 minutos	Os participantes começam a ter dificuldade de concentração. O interesse está caindo.
Etapa 5	5 minutos	Os participantes já estão com a cabeça fora da sala de reunião. O interesse está baixo.
Total	**150 minutos**	

Quadro 4 - Nível de interesse durante uma reunião

O número de reuniões irá depender da interação e da velocidade de ação do grupo. É recomendável fazer no máximo uma reunião semanal, para não sobrecarregar os participantes e impedi-los de atenderem a outras atividades particulares, envolvendo a família ou compromissos sociais. Os resultados da consultoria são normalmente alcançados ao cabo de 15 reuniões.

À semelhança da consultoria individual, a consultoria em grupo irá exigir que se inicie um processo de comunicação entre os participantes, com a ajuda do consultor que, usando a força da dinâmica grupal, começará moderando o grupo, isto é, identificando temas e problemas existentes nos diversos setores.

Assim como na consultoria individual, usaremos a metodologia Metaplan, na qual, por meio de perguntas, buscamos soluções alternativas, tanto entre as existentes no mercado como em outras fontes de *know-how*.

Como exemplo, vamos considerar um grupo pertencente ao setor industrial, que envolve uma maior dinâmica empresarial. A primeira pergunta clássica é a seguinte:

Quais são as funções mais importantes da sua empresa?

A seguir, devem ser relacionadas todas as funções, como fizemos no capítulo 1. Caso os participantes não apresentem funções suficientes, colocadas em fichas afixadas à parede ou a um cavalete para visualização de todos, o consultor deverá intervir, relembrando as faltas possíveis.

Considerando que a maioria dos presentes trabalha nas funções especificadas, torna-se fácil detectar nelas algumas dificuldades, que serão abordadas a partir da próxima pergunta. Antes, porém, o consultor deverá colocar as fichas contendo as funções apresentadas no painel, no sentido vertical, uma abaixo da outra, permitindo que os participantes coloquem as respostas em fichas ao lado da função especificada, como se segue:

Os itens sugeridos deverão se basear em experiências vivenciadas. Alguns participantes podem interferir fornecendo dados relacionados à função do colega.

Quais são as dificuldades que mais o preocupam no seu setor de trabalho?

Estoque	Peças encalhadas	Peças em falta
Tecnologia	Metodologia arcaica	Falta de inovação
Produção	Baixa produtividade	Retrabalho
Máquinas	Obsoletas	Muito tempo paradas
Vendas	Insuficientes	Poucos representantes
Clientes	Muitas reclamações	Insatisfeitos

Quadro 5 - Dificuldades por setor

Analisando as respostas, percebe-se que algumas se complementam, o que resultará em maior facilidade na solução dos problemas. A maioria das respostas costuma ser subjetiva, razão pela qual deveremos buscar as causas subjacentes, aplicando o diagrama Espinha de Peixe.

Antes, porém, vamos usar o caminho do PDCA, também empregado na consultoria individual. Ele nos ajudará na solução das dificuldades encontradas.

Devemos usar novamente a sequência de ações conforme a Figura 10. Resumindo, teremos:

Planejamento	Defina metas e estabeleça pontos de controle Levante informações (fatos e dados) Analise (causas que possam impedir a empresa de atingir suas metas) Gerencie (plano de ação gerencial para combater as causas)
Desenvolvimento	Execute o plano de ação
Checagem	Verifique se o plano deu resultado
Ajuste	Aja, padronizando ou corrigindo

Quadro 6 - Resumo do PDCA

Seguindo a sequência do PDCA, vamos buscar, por exemplo, a causa principal do "retrabalho", utilizando o diagrama Espinha de Peixe.

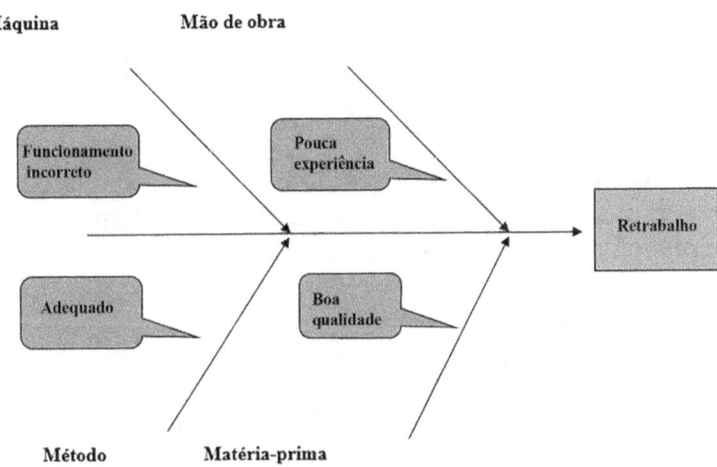

Figura 12 - Buscando as causas do "retrabalho"

Analisando as causas, verificamos que o retrabalho é fruto do funcionamento incorreto das máquinas e da pouca experiência dos colaboradores. Eliminaremos essas causas ao consertar as máquinas e treinar os colaboradores nas operações que são executadas inadequadamente.

É claro que desta forma não esgotamos todas as causas que resultaram em retrabalho dos produtos; nosso propósito não é esgotar o tema, mas mostrar como funciona o diagrama. Nessa etapa do processo, o consultor deverá alertar o empreendedor para o fato de que não é suficiente determinar o conserto das máquinas e oferecer treinamento à equipe. Há necessidade de se fazer um *follow-up*, como vimos na consultoria individual, para certificar-se de que o retrabalho está definitivamente eliminado.

Passemos agora ao planejamento da ação de bloqueio 5W1H. Empregando o exemplo acima, teremos:

O que fazer? Quais os itens de controle?

Vamos analisar todas as funções envolvidas e selecionar os itens "Funcionamento incorreto" e "Pouca experiência dos colaboradores".

Quando exercer o controle?

No nosso exemplo, seria imediatamente.

Onde são exercidas as ações de controle?

Em todas as etapas da produção nas quais ocorre funcionamento inadequado das máquinas e pouca experiência dos colaboradores.

Como exercer o controle?

Indicando o grau de prioridade de cada item. Como selecionamos dois itens, vamos dar prioridade um para "pouca experiência dos colaboradores" e prioridade dois para "funcionamento inadequado das máquinas".

Por quê? Em que condições o controle será ativado?

Devemos ativá-lo sempre que for percebida a pouca experiência dos colaboradores e o funcionamento inadequado das máquinas.

Quem participará das ações necessárias?

Todos os colaboradores pertencentes ao setor de produção.

Em seguida devemos aplicar o Plano de Ação:

O que fazer?

Contratar um técnico para proceder ao conserto das máquinas com defeito e um instrutor para fazer o treinamento e oferecer estágio aos colaboradores.

Como fazer?

Procurando uma empresa que disponha de um técnico habilitado e, junto às entidades de treinamento, um instrutor capacitado.

Quem vai fazer?

O chefe de produção, e na sua ausência, o próprio empreendedor.

Com quem?

Com os responsáveis pelas entidades selecionadas.

Em que prazo?

Dentro de 30 dias a partir da data de hoje.

Quem vai controlar?

O gerente da empresa.

Recapitulando o caminho do PDCA, devemos como primeiro passo definir o problema, no nosso exemplo, o "Retrabalho". A seguir vamos levantar todos os fatos e dados, para, em seguida, buscar no terceiro passo as causas principais do problema.

O trabalho fica mais fácil, como vimos, aplicando **o** Diagrama de Ishikawa ou Espinha de Peixe.

Concluído o Plano de Ação, passamos para o passo seguinte, que é conferir se as ações realizadas deram um resultado efetivo. Caso contrário, devemos retornar ao passo dois e levantar novas informações (fatos e dados).

Ao final, devemos estabelecer procedimentos operacionais que garantam o cumprimento dos novos padrões.

O diagrama de Ishikawa poderia ser substituído (ou aprofundado) acrescentando uma questão adicional às duas já formuladas:

Quais são as suas sugestões para solucionar as dificuldades no seu setor de trabalho?

Muitas vezes encontramos, através dessa pergunta, algumas causas das dificuldades anteriormente apontadas. Isso concluiria a primeira reunião da consultoria coletiva.

Dependendo do volume de dificuldades apontadas, poderemos avaliar o número de reuniões necessárias para encontrar todas as soluções. É claro que para cada problema específico deverão ser repetidos todos os procedimentos anteriormente explicados.

Entre uma reunião e outra, o consultor deverá avaliar a atuação do grupo, principalmente em relação às contribuições de cada um. É necessário também percorrer todas as dependências da empresa, não somente para tomar contato com os produtos fabricados, mas principalmente para detectar possíveis falhas nos diversos setores abordados pela consultoria.

A consultoria coletiva pode também ser solicitada por um grupo de empreendedores ou colaboradores pertencentes a várias empresas. A metodologia é a mesma, exigindo, entretanto, atitudes específicas por parte do consultor, para fazer frente a comportamentos diferentes oriundos das diversas vivências dos participantes.

Dicas importantes na formação de grupos

Características da consultoria grupal

— Encontro de pessoas que se reúnem com a finalidade de trocar informações e experiências.

— No nosso caso, profissionais, empresários e seus colaboradores, que buscam soluções para seus problemas, planejam estratégias para seus setores ou definem ações, programas e atividades comuns aos participantes do grupo.

— É importante observar que os participantes de cada grupo deverão preferencialmente pertencer ao mesmo ramo de atividade econômica.

— Cada processo de consultoria deverá ser mediado por um consultor que tenha formação e prática em moderação de grupos.

Metodologia e ferramentas empregadas

— Aprender fazendo
— Metaplan
— FOFA, GUT (Matriz de análise enfocando Gravidade, Urgência e Tendência, que analisaremos mais tarde), Plano de Ação
— Ciclo PDCA e outros.

Objetivos da Consultoria Grupal

— Estimular a comunicação entre os participantes do grupo, o que irá facilitar: (1) a identificação de problemas; (2) a busca de suas soluções; (3) a descoberta da necessidade de treinamento; (4) a troca de informações e experiências; (5) a realização de mudanças nas empresas; e (6) os participantes do grupo a encontrar o caminho para melhorar seu desempenho profissional ou empresarial.

— Descobrir, mediante dinâmica de grupo, respostas para as seguintes perguntas: (1) o que fazer?; (2) como mudar?; (3) como fazer?; (4) por que mudar?; (5) quem vai fazer?; (6) onde fazer ou efetuar mudanças?; (7) o que mudar?; e (8) quando fazer ou mudar?

— Iniciar um processo de aprendizagem coletiva no grupo que irá proporcionar: (1) a comparação entre os participantes do grupo; (2) aquisição de novas ideias; (3) identificação de soluções e alternativas; (4) uma visão do futuro de cada setor envolvido.

Figura 13 - O consultor como um detetive atrás de problemas

Fazendo algumas comparações entre a consultoria individual e a coletiva, pode-se verificar que esta última oferece mais vantagens para as MPEs. Além disso, é também mais apropriada para trabalhos com um número maior de pessoas, pois se adapta melhor ao emprego das ferramentas anteriormente apontadas. Tudo isso, somado às características e objetivos da consultoria em grupo nos induz a escolhê-la ao desejarmos desenvolver um programa sustentável de desenvolvimento das MPEs.

Estratégias para a criação de grupos de empreendedores

Premissas básicas

— Uma reunião é um encontro de pessoas em determinado local, com objetivos predeterminados.

— Quando o objetivo for o intercâmbio, a análise de um tema para encontrar o consenso ou decisão do grupo, a reunião é mais demorada.

— Quando o objetivo é para dar uma informação ou tomar uma decisão com base em análise anterior, a reunião é mais curta.

As estratégias nas reuniões

— Definir claramente o tema a ser discutido.
— Até onde queremos chegar?
— Quanto tempo vai levar?
— Como será conduzida a reunião?
— Local e horário de início e término.
— Na convocação, devem ser definidos quais dos seguintes aspectos serão enfocados no encontro: (1) troca de experiências; (2) intercâmbio de informações; (3) planejamento; (4) programação de eventos ou atividades; (5) comunicação de novas informações ou orientações; e (6) treinamentos.

Ao final da reunião, deve-se perguntar:

O que aprendemos hoje e com que novas informações estamos saindo?

Atribuições do Consultor de Grupos

1. Iniciar um processo de comunicação entre os participantes do grupo, conforme já enfatizamos nos objetivos da consultoria em grupo. Nesse primeiro momento, o consultor estará exercendo a moderação, usando a dinâmica de grupo. É

recomendável nessa fase direcionar as discussões para assuntos internos, com os quais o participante (profissional ou empreendedor) está familiarizado, como, por exemplo, fornecedores, treinamentos, feiras etc.

2. Além disso, nessa fase inicial, os assuntos, atividades ou problemas, enfocando causas internas comuns ao setor empresarial ou profissional, devem ser abordados pelos participantes por esforço próprio, através do autoaprendizado. Nessa fase deve-se evitar itens que os participantes não possam resolver por si mesmos, como causas externas.

3. Posteriormente, em certo momento da moderação, o consultor deverá exercer também a função de fornecer soluções, contribuir com ideias, experiências, questionamentos e propostas que permitirão ao grupo atingir um resultado adequado, caso contrário a reunião não terá efeito nem valor para os participantes.

4. O consultor deverá ter o cuidado de iniciar o processo com setores, pessoas, profissionais ou empreendedores abertos a mudanças, para obter algum sucesso a curto prazo e assim demonstrar que é um profissional sério e que o processo funciona.

Instruções para a criação de um grupo

A quem cabe a iniciativa do processo?

1. Em princípio, caberia inicialmente ao consultor de uma EE (Entidade Empresarial).

2. Uma segunda hipótese seria um líder profissional ou empresarial que deseja ou precisa melhorar o desempenho de seu ramo de atividade.

3. Uma terceira hipótese seria por iniciativa de um consultor.

Como se procede a seguir?

Na primeira hipótese o consultor (Hipótese 1), de comum acordo com a diretoria de sua EE, procura um empresário com cabeça aberta, credibilidade no seu ramo e capacidade de integração, explica a ele de que se trata e procura motivá-lo para a ação.

Na segunda hipótese (Hipótese 2), como temos um empreendedor já motivado, ele está pronto para a ação. Na terceira, o consultor parte em busca de seu trabalho.

Montagem do grupo

Do ponto de vista técnico, podemos relacionar alguns fatores que ajudam a identificação dos setores a serem trabalhados:
— Ramos de atividades menos organizados da sociedade;
— Sem estruturas organizacionais;
— Sem outros serviços;
— Sem grande autoconfiança; e
— Sem muita oferta de serviços.

Também devem ser levados em conta os setores estratégicos para a economia, definidos (1) pelo movimento econômico; (3) pela geração de emprego, ocupação e renda; e (3) pela agregação de valor a outros setores.

A definição deve ser local, considerando os setores importantes e que devem ser trabalhados, e analisando (1) o impacto desse setor para o desenvolvimento econômico da cidade, região e Estado; (2) o grau de facilidade/ dificuldade para a implantação do programa; e (3) o que se espera desse setor, quando reorganizado.

Passos para a formação do grupo

1- O empresário da Hipótese 1 elaborará uma lista dos empresários que deverão ser convidados, favorecendo a composição de um grupo mais homogêneo. A seguir, consultor e empresário visitam os participantes em potencial em suas empresas, explicam do que se trata e os convidam para um primeiro encontro. Agindo assim, dão mais confiança e credibilidade ao processo.

2- O empresário da Hipótese 2 também elaborará uma lista dos empresários que deverão ser convidados e, acompanhado de um colega, visitará os participantes em potencial em suas empresas, como na Hipótese 1, o que funciona melhor do que simplesmente telefonar ou enviar correspondência.

3- O consultor procede como o empresário da Hipótese 2.

Preparativos para a primeira reunião

O número recomendável de participantes por grupo, para o bom funcionamento de uma consultoria em grupo, é de 10 a 20 pessoas. Deve-se escolher uma sala ampla, que permita trabalhar com várias metodologias, com poucas mesas e número de cadeiras suficiente para os participantes, de preferência com as paredes livres, para receber cartazes e painéis. A figura abaixo mostra a disposição das cadeiras em semicírculo com um grande painel à frente, o que facilita a visualização e a comunicação entre os participantes.

Instruções para a primeira reunião

Hipótese 1
Recepcionar os participantes do grupo com uma saudação "bem-vindos", de preferência pelo presidente da ACI ou, na falta deste, por um diretor ou executivo da EE. Nessa abertura, mostrar sucintamente o que é uma EE e sua importância para a classe empresarial.

Em seguida o consultor deve apresentar suas ideias para o trabalho em grupo e as vantagens que ele deverá trazer aos participantes na continuidade dos trabalhos; também deve informar que este programa/projeto é uma oferta de serviço da EE, em benefício do desenvolvimento da micro e pequena empresa, explicar as regras iniciais da metodologia Metaplan e, em seguida, fazer um exercício aplicando a metodologia, mediante a apresentação de cada participante.

Hipótese 2
Os procedimentos serão os mesmos, cabendo a responsabilidade de saudar os participantes do grupo ao líder e ao colega que desencadearam essa ação. É aconselhável que o grupo contrate um consultor, ou escolha alguém do grupo para exercer esse papel.

Hipótese 3
Nesse caso é o consultor que executa os procedimentos da Hipótese 2. Já vimos anteriormente o perfil e as atribuições do consultor. O líder deverá enfatizar a importância da participação dos trabalhos em grupo para cada um de seus membros.

Antes de finalizar este assunto, vou resumir e detalhar as principais vantagens da consultoria para o empreendedor que pertence a um grupo.
1. Nos encontros do grupo são abordados, entre outros, os seguintes problemas, que normalmente afligem as MPEs:
Crédito – Mão de obra – Inadimplência – Concorrência desleal.
Parceria com fornecedores – Vendas – Gerenciamento.
Treinamento em geral – Custos – Tecnologia.
2. O consultor que conduz o grupo oferecerá assistência técnica aos seus participantes.
3. Além disso, o grupo tem ainda algumas vantagens: passa a ter um local para discussão e busca de soluções para os seus problemas; terá acesso a conhecimento e informações de seu interesse; e estará representado, por meio da AE, do próprio grupo ou do consultor na defesa dos seus interesses — a força do associativismo.
O perfil técnico do consultor deverá incluir um Curso Superior, preferencialmente nas áreas de Marketing, Administração e/ou Economia. Deverá ter uma visão globalizada, em sintonia com os movimentos econômicos e sociais em nível global, e ainda ter conhecimentos gerais em administração financeira, legislação empresarial, recursos humanos, planejamento estratégico, marketing e condução de

grupos. Seu perfil pessoal deverá incluir as seguintes qualidades: prático, objetivo, empreendedor, criativo, seguro, liderança natural, inovador, arrojado, persuasivo, versátil, independente, ter iniciativa, ser perceptivo, autoconfiante, carismático, assertivo, flexível, perseverante, bom negociador, determinado, dinâmico, arrojado, ter ampla visão das coisas e facilidade para relacionamento.

Junto à EE, o consultor deverá assessorar a diretoria, divulgar os serviços e atividades, atuar como agente de marketing, estimular o associativismo e visitar as empresas associadas para identificar necessidades.

Junto ao empreendedor e empresário, o consultor deverá empreender as ações necessárias para conhecer as instituições e técnicos e constituir um elo entre a empresa e a EE. Deverá atuar, ainda, como fonte de conhecimento para a empresa, contribuindo para melhorar o desempenho das MPEs e, por consequência, a economia da região.

Eis o lema do consultor:

Não tenho todas as respostas, mas... conheço quem as têm!

Relação do Consultor com o Empresário

Quanto à postura, ele deve ser discreto e ético, tornar-se confiável, manter um relacionamento interdependente, ter organização no trabalho e apresentação pessoal condizente. Deve evitar fazer longas palestras sobre cada tema e sempre informar a pauta previamente aos participantes. Jamais deve improvisar o conteúdo de suas apresentações ou entrar em longas justificativas.

Entre as atitudes positivas, deve assumir uma posição neutra em caso de discussão, manter-se atento e interessado e lançar mão de variados recursos de comunicação, como filmes, painéis e cavaletes, atuar como orientador e facilitador, nunca fornecer soluções prontas e conduzir os trabalhos democraticamente.

É importante lembrar que, de modo geral, descrevemos a consultoria em grupo para agrupamentos de empresários e colaboradores de um mesmo ramo econômico, mas, caso necessário, a técnica pode e deve também ser utilizada por uma única empresa, como, por exemplo, quando for detectada uma dificuldade específica, exigindo uma solução rápida, caso em que o empresário ou consultor aplica essa metodologia a um grupo constituído pela "prata da casa", a elite da empresa.

Não é fantástico?

Em todos os casos, podemos afirmar que os resultados da aplicação desses procedimentos em empresas individuais costumam ser bastante compensadores.

Capítulo 3
O passo a passo de uma consultoria empresarial

Uma vez apresentadas a consultoria individual e em grupo, vamos agora examinar minuciosamente o passo a passo em sua execução.

Esquema geral da consultoria

Em geral, podemos dividir os trabalhos em 3 módulos: (1) identificação; (2) diagnóstico; e (3) soluções. Cada módulo, por sua vez, compreende cinco etapas: objetivos, metodologia, execução, momentos e duração.

Objetivos

O módulo 1 consiste no levantamento da real situação de todos os setores da empresa.

O módulo 2 trata de avaliar todos os aspectos que dificultam o bom desempenho da empresa.

O módulo 3 define a priorização dos problemas encontrados e busca as suas respectivas soluções.

A metodologia empregada deve se concentrar na visualização e participação utilizando as ferramentas apresentadas nos capítulos anteriores. No primeiro módulo, o consultor trabalha sozinho, para identificar, avaliar e buscar soluções; no segundo, atua como moderador do grupo participante, identificando, avaliando e buscando soluções em conjunto com eles. No terceiro, dá a solução definitiva para os problemas encontrados, obtidos no trabalho em grupo com as contribuições dos participantes.

Haverá um espaço de tempo de cinco dias entre os módulos, o que permitirá aos colaboradores já começarem a aplicar as soluções parciais encontradas. Dessa forma, em cada novo módulo, novas informações e conhecimentos adicionais se somarão, permitindo ao final uma solução abrangente.

Para a melhor compreensão do conteúdo de cada módulo, é necessário que o colaborador tenha participado dos módulos anteriores.

Antes de iniciar cada módulo, é preciso fazer em slides ou PowerPoint a apresentação das informações relevantes, na mesma sequência em que aparecem no quadro, através das metodologias Metaplan, *Brainstorming* e FOFA.

Tudo isso vai auxiliar a compreensão das perguntas formuladas, bem como a sequência dos procedimentos que fazem parte deste programa.

Programa de Consultoria numa empresa

Módulo 1
— Apresentação dos participantes: nome, sonho, setor, cargo, função.

— Metodologias Metaplan e seus principais instrumentos: *Brainstorming* e FOFA.

— Pergunta: Quais são suas expectativas para este encontro?

— Pergunta: Como vejo a minha empresa hoje? Pontos fortes, pontos fracos, oportunidades e ameaças.

Módulo 2
— Pergunta: No seu entender, quais são os setores mais importantes da sua empresa?

— Funções de uma empresa, ciclo PDCA, priorização, sistema GUT e diagrama 4M.

— Pergunta: Quais são as dificuldades que mais o preocupam no seu setor de trabalho?

— Pergunta: Em que consiste este problema? Como acontece? Quando? Quais são as suas causas?

— Pergunta: Quem conhece uma solução? Como vocês tratam deste problema?

Módulo 3

— PDCA solução de problemas, plano de ação 5W1H, situação atual x situação desejada e plano de ação.

— Em todos os problemas, verificar:

Situação atual: Como funciona hoje?

Causas: Por que é feito dessa forma?

Situação desejável: Como deveria ser?

Que fatores poderiam se opor?

Qual seria a situação ideal?

Que fatores impedem o alcance da situação desejada?

— Plano de Ação: O que fazer? Como fazer? Quem vai fazer? Com quem?

Onde? Até quando? Quem controla?

Módulo 1

Apresentação dos participantes

Cada um deve se apresentar individualmente, estabelecer sua função, profissão, carreira, objetivos e expectativas. Em seguida são estipuladas as regras de convivência no grupo.

Apresentação da metodologia

Metaplan e seus principais instrumentos, que abordaremos em maiores detalhes neste capítulo. Uma vez formuladas as duas perguntas básicas desta fase, partimos para a elaboração das fichas conforme as regras de visualização já explicadas no capítulo anterior.

Quais as vantagens da visualização?

	Módulo 1 Identificação			Módulo II Diagnóstico			Módulo III Soluções		
Objetivos	Levantar a real situação de todos os setores da empresa			Avaliar todos os aspectos que dificultam o bom desempenho da empresa			Priorizar os problemas encontrados e buscar as suas soluções		
Metodologia	Modernas ferramentas de consultoria grupal			Grupo selecionado representando todos os setores			Realizado de forma visualizada e participativa		
Execução	Consultor na empresa	Consultor + grupo da empresa	Consultor no seu escritório	Consultor na empresa	Consultor + grupo da empresa	Consultor no seu escritório	Consultor na empresa	Consultor + grupo da empresa	Consultor no seu escritório
Momentos	Identificar problemas	Levantar problemas em grupo	Analisar a situação dos setores	Avaliar problemas	Analisar problemas em grupo	Fazer diagnóstico	Priorizar problemas	Buscar soluções em grupo	Relatar as soluções dadas
Duração	3 dias alternados	Reuniões semanais	1 dia por semana	3 dias alternados	Reuniões semanais	1 dia por semana	3 dias alternados	Reuniões semanais	1 dia por semana

Quadro 7 - Esquema geral da consultoria

— Cria um foco de atenção
— Possibilita a documentação da discussão
— Abre-se à participação de todos
— Registra todas as contribuições
— Facilita a estruturação
— Cria um histórico de resultados

Opções de apresentação e fixação das ideias visualizadas
— Afixar as fichas num painel limpo e ir lendo seu conteúdo à medida que são colocadas
— Afixar as fichas previamente e cobri-las com outras fichas, ou cobrir todo o painel com uma folha de papel, ou, ainda, com a parte escrita junto ao painel e ir revelando à medida que a apresentação progride
— Colocar apenas as fichas com pontos-chave, como temas e títulos, e ir aos poucos afixando as demais
— Deixar todas as fichas visíveis desde o início

Na sequência, vamos agora levantar as expectativas dos participantes e acrescentar as duas perguntas, que têm a finalidade de facilitar a elaboração de mais ideias para serem escritas nas fichas. Para que este encontro tenha êxito:
O que devemos fazer?
O que devemos evitar?
Cada participante deve preencher sua ficha. O moderador as afixará nos locais adequados no painel, devendo optar por uma das opções de visualização acima. Recomendo a primeira opção, isto é, à medida que o moderador/ consultor lê as fichas à medida que as coloca no painel, ordenando por proximidade de ideias semelhantes. Uma vez terminadas as contribuições, é importante que o consultor pergunte ao grupo qual dos blocos de ideias (nuvem de ideias) é o mais apropriado ao caso que deverão analisar. Por motivos didáticos, a partir deste momento empregaremos o termo consultor em vez de ou moderador/ consultor.
As demais opções de exposição das fichas são emprega-

das conforme o tipo da reunião. Por exemplo, numa explanação, é comum cobrir as tarjetas e as ir descobrindo à medida que se vai fazendo a exposição, evitando que se perca tempo para redigi-las. Pode ocorrer de ter sido realizado algo similar num encontro anterior, então, para evitar repeti-lo, o apresentador o coloca no painel coberto por uma folha de papel. No momento adequado, basta descobri-lo e exibir o trabalho.

A seguir vamos examinar os objetivos do nosso encontro. É claro que você irá ampliar sua área de conhecimento, de habilidades e de comportamento. O quadro **é auto**explicativo.

Todo esse processo tem início quando o consultor faz uma pergunta específica para desenvolver um tema e os participantes ficam envolvidos, tentando dar as respostas adequadas para apontar a solução ou alcançar um determinado objetivo.

Cada pergunta deve atender aos seguintes quesitos:

A) Para que serve?
— Troca de experiências
— Motivar a reflexão do grupo
— Chamar a atenção do grupo
— Gerar conhecimento

B) Como deve ser feita?
— Despertando interesse
— Induzindo à reflexão
— Formulada com precisão
— Sendo atraente para o grupo

O instrumento adequado para atingir tais objetivos é o *Brainstorming*, ou "Tempestade de ideias". Em que consiste, e como se procede para empregá-la?

A pergunta que o consultor formula deve se referir ao assunto ou tema previamente agendados; deve ser clara e de fácil entendimento, não deixando dúvidas para os participantes do grupo. O questionamento não deve ser dirigido apenas ao setor a que o grupo pertence, mas especificamente para a empresa em questão. Caso surjam muitas dúvidas, como já mencionamos, o consultor deve mudar a redação ou substituir a pergunta.

Brainstorming: *para que serve e como se faz?*
— Incentiva a livre promoção de ideias
— Estimula a criatividade
— Promove a associação de ideias
— Serve ainda para acumular ideias, propostas e sugestões

Registrar	Seguindo as regras da visualização, escrever ideias em fichas
Coletar	Deve-se pedir aos participantes para gerar ideias em silêncio e coletar as fichas
Afixar	O consultor coleta as fichas, as seleciona e exibe no painel classificadas por tema, em "nuvens" de ideias
Classificar	A seguir as "nuvens" são categorizadas, recebendo um título
Priorizar	As ideias são priorizadas, se necessário, segundo critérios definidos
Discutir, analisar e concluir	As ideias são analisadas, discutidas e tiradas as conclusões

Quadro 8 - Brainstorming

Vantagens do trabalho em grupo
Por que é importante para os profissionais, ou mesmo colaboradores de uma empresa, se reunirem em busca de soluções para suas eventuais dificuldades?
— Há maior homogeneidade entre os participantes
— Permite análises mais específicas do tema geral
— Há menos subjetividade envolvida
— As discussões são melhor estruturadas
— As influências negativas e ingerências externas são minimizadas
— O tema é trabalhado de forma mais profunda
— As decisões têm caráter consensual

Quais são as principais regras para um trabalho desse tipo? Como criar um ambiente favorável para o desenvolvimento das tarefas, observando a visualização permanente e controlando o tempo para a execução?

— Criar um ambiente favorável e agradável ao trabalho

— Apresentar temas, perguntas, propostas, etc. de forma clara e objetiva

— Organizar os participantes em grupos e distribuir as tarefas

— Definir e controlar o tempo de execução de cada tarefa

— Estimular os participantes a refletir sobre a tarefa em silêncio, antes de iniciar

— Visualizar a discussão por meio de fichas durante todas as fases do trabalho

— Preparar os resultados de forma visual e visualizar também as conclusões

— Preparar a apresentação e definir o responsável por ela

— Verificar no ato da apresentação se não há dúvidas quanto ao conteúdo

Como podemos melhorar o processo de comunicação entre os participantes, utilizando cartazes, boletins, mala-direta e avisos, já que é de suma importância a troca de informações rápida e precisa para a integração do grupo?

— Faça reuniões para transmitir informações

— Use quadros de aviso e recados

— Use formulários de informações

— Publique boletins informativos

— Envie mala-direta aos interessados

— Utilize cartazes

— Use relatórios para expressar opiniões

— Escreva mensagens de e-mail para lidar com assuntos pessoais

— Escreva manuais
— Publique newsletters
— Publique folhetos explicativos (folders)

Perguntas referentes ao Módulo I
Para aplicar o que foi transmitido até aqui, vamos fazer um exercício prático, por exemplo, simular o encontro de um grupo constituído por colaboradores de uma indústria de móveis, usando todos os instrumentos que, com a ajuda de um consultor, possibilitam o levantamento e a identificação dos principais problemas. Vamos imaginar que os componentes desse grupo produzem móveis em série para o mercado interno.

O empreendedor procurou em nome do grupo o consultor de uma EE, ou um consultor independente, para saber mais a respeito do trabalho de consultoria em busca da solução de problemas. O consultor se interessou, e o empreendedor solicitou que se convidasse mais nove colaboradores pertencentes aos principais setores de sua empresa.

Hoje é a primeira reunião, e todos compareceram na hora estipulada. O empresário deu as boas-vindas ao grupo e o consultor explicou o projeto em detalhes, procedendo, na sequência, à apresentação dos participantes. Em seguida, formulou a primeira pergunta:

Quais são suas expectativas com esse encontro?

Selecionamos somente quatro respostas, uma vez que as demais eram repetitivas:
— Solucionar dificuldades observadas na empresa
— Buscar soluções para problemas
— Conhecer novas ferramentas para a solução de problemas
— Fortalecer a interação do nosso grupo

Continuando o trabalho, o consultor formulou a segunda pergunta:

Como eu vejo a minha empresa hoje? (Em relação ao FOFA)

FOFA			
Pontos Fortes	**Oportunidades**	**Pontos Fracos**	**Ameaças**
Pioneirismo	Lançamento de novos produtos	Produtos de baixa qualidade	Resistência a mudanças
Equipamentos de última geração	Capacitação continuada	Equipe com pouca experiência	Concorrentes com projetos mais atrativos
Produtos atendendo as exigências dos clientes	Oportunidade de novos negócios	Produtos com baixa aceitação no mercado	Pouca divulgação dos produtos
Trabalho em equipe	Aquisição de equipamentos de 3ª geração	Equipamentos com defeitos	Desinteresse dos colaboradores

Quadro 9 - Exemplo de análise FOFA

Vamos agora buscar as causas dos pontos fracos acima identificados pelo empreendedor e sua equipe, para que o consultor possa dar as devidas orientações no sentido de eliminá--las.

O caminho mais fácil para encontrar essas causas é empregando o Diagrama de Ishikawa ou Espinha de Peixe, que já utilizamos anteriormente, seguido da aplicação do ciclo PDCA e procedendo à execução do Plano de Ação pelo método 5W1H. Uma vez concluído o Plano de Ação, passaremos para o passo seguinte, que trata de conferir se as ações implementadas deram resultado efetivo. Caso contrário, devemos retornar para levantar novas informações. Terminado o processo, devemos estabelecer procedimentos operacionais para garantir o cumprimento dos novos padrões.

Aplicando os mecanismos acima mencionados, você estará apto a proceder à consultoria solicitada pelo empresário. Estará também em condições de eliminar todas as causas que resultaram nos pontos fracos apontados acima.

Caso falhem os procedimentos anteriores, podemos ain-

da utilizar o Método da Análise – situação atual x situação desejada, conforme explicitamos no capítulo anterior.

Modulo 2

Também neste módulo a ação é executada pelo consultor em vários momentos: no primeiro sozinho, ao identificar,
avaliar e buscar soluções. Num segundo, ao agir como moderador, também identificando, avaliando e buscando soluções. No
terceiro, dando a solução definitiva aos problemas encontrados,
obtidos em conjunto com as contribuições do grupo.

Iniciamos o módulo com a seguinte pergunta:

*No seu entender, quais são os setores mais importantes de
sua empresa?*
— Estoques
— Tecnologia
— Produção
— Máquinas
— Vendas
— Clientes

Por solicitação do consultor, o grupo definiu seis setores.
Poderiam ter se estendido, mas nosso objetivo é apenas mostrar o emprego de uma metodologia, não pretendemos esgotar
o assunto.

Como já abordamos anteriormente as funções de uma
empresa, o ciclo PDCA, priorização e o diagrama 4M, vamos a
seguir explorar o tema priorização, com destaque para o sistema GUT.

Quando vários problemas são detectados, a priorização
é feita normalmente de três maneiras:

A) Consenso
A decisão por consenso é um método de escolha dos
problemas, em ordem de importância, por decisão do próprio

grupo. Todas as pessoas envolvidas discutem ativamente as questões envolvidas na decisão. Dessa forma, o grupo agrega o conhecimento e a experiência de todos os seus membros. Essa abordagem de seleção de problemas e tomada de decisão resulta normalmente na melhor escolha com qualidade.

B) Votação

Essa técnica é também utilizada para selecionar a nuvem mais importante ou o problema prioritário dentro de determinada nuvem. Assim, o grupo pode iniciar a solução, começando pelos mais graves.

Como se procede a esta votação?

— Cada participante tem direito a um número de pontos equivalente a 20% do total de fichas. Se o painel tiver 30 fichas, cada participante terá direito a seis pontos.

— Cada participante escolhe as fichas com os problemas mais graves, assinalando cada uma com um ou dois pontos, conforme a gravidade. É importante saber que está limitado aos seis pontos: se escolher três fichas com problemas muito graves que precisam ser solucionados, e, portanto, pontuar cada um com dois pontos, terá gasto os seus seis pontos.

— Depois que todos os participantes votaram, escolhendo as fichas e assinalando os pontos com o pincel atômico, passa-se à contagem das fichas com maior número de pontos.

A priorização será feita obedecendo as fichas em ordem decrescente de pontuação.

Depois de feita a seleção, o grupo deve fazer uma análise, discutir e decidir se de fato as fichas priorizadas obedecem a uma ordem lógica para a solução dos problemas em grau de importância, dentro do contexto levantado pelos participantes.

C) Instrumento G.U.T. — Gravidade, Urgência, Tendência

O sistema se constitui dos parâmetros utilizados para o estabelecimento de prioridades na eliminação de problemas, especialmente se forem vários e relacionados entre si.

Deve-se abordar as seguintes questões:

— Grau de seriedade

Qual a gravidade do assunto?
Que efeitos surgirão a longo prazo?
Qual o impacto do problema?
— Urgência
Qual a urgência de se eliminar o problema?
Qual o tempo disponível para resolver?
— Tendência
Será que o problema ficará maior?
Qual o potencial de crescimento?

Instrumento GUT – Pontos Fracos			
Valor	**Grau**	**Urgência**	**Tendência**
5	Os prejuízos ou dificuldades são extremamente graves	É necessária ação imediata	Se nada for feito, a situação irá piorar rapidamente
4	Muito grande	Com alguma urgência	Vai piorar em pouco tempo
3	Grave	O mais cedo possível	Vai piorar a médio prazo
2	Pouco grave	Pode esperar um pouco	Vai piorar a longo prazo
1	Sem gravidade	Não tem pressa	Não vai piorar e pode até melhorar

Quadro 10 - Priorização de problemas

Instrumento GUT			
Problema em questão	**G**	**U**	**T**	**GxUxT**
Matéria-Prima	2	2	1	4
Treinamento de pessoal	3	2	4	24
Aquisição de máquinas	4	5	2	40
Marketing	3	5	5	75

Quadro 11 – Exemplo de aplicação da Matriz GUT

O GUT é mais empregado quando as questões estiverem muito intimamente relacionadas entre si e apresentarem dificul-

dade de priorização. Também pode ser empregado para análise de vantagens, ou pontos fortes, conforme a lista e tabela abaixo:
— Grau de importância
Qual a importância do assunto?
Que efeitos surgirão a longo prazo?
Qual o impacto positivo da situação?
— Urgência
Qual a urgência de se intensificar a vantagem ou usufruir da oportunidade?
Qual o tempo disponível para a decisão?
— Tendência
Será que situação ficará melhor?
Qual o potencial de crescimento?

Instrumento GUT – Pontos fortes			
Valor	Grau	Urgência	Tendência
5	Há forte impacto positivo	Para aproveitar este potencial é necessária ação imediata	Os resultados virão rapidamente
4	Muito importante	Com alguma urgência	Vai melhorar em pouco tempo
3	Importante	O mais cedo possível	Vai melhorar a médio prazo
2	Pouco importante	Pode esperar um pouco	Vai melhorar a longo prazo
1	Sem importância	Não tem pressa	Pode não ocorrer

Quadro 12- Priorização de melhorias

Demais perguntas desse módulo

1. Quais são as dificuldades que mais o preocupam no seu setor de trabalho?
Para facilitar as orientações nesse sentido, selecionamos apenas duas das dificuldades apontadas em cada setor. Antes de solucionar cada uma delas, você poderá optar por aplicar as diversas opções de priorização, por consenso, por votação e pelo método GUT. É claro que no caso de uma consultoria eficiente

deveremos eliminar todas as dificuldades de cada setor, mas é sempre bom começar pelo setor prioritário, aquele que causa o maior prejuízo à empresa.

Produção	Baixa produtividade	Retrabalho
Máquinas	Obsoletas	Muito tempo paradas
Estoque	Peças encalhadas	Peças faltando
Tecnologia	Metodologia arcaica	Falta inovação
Vendas	Alta inadimplência	Poucos clientes permanentes
Clientes	Muitas reclamações	Insatisfeitos

Quadro 13 - Dificuldades no trabalho

Creio que será suficiente neste exemplo aplicar a priorização pelo método GUT, já que as duas outras alternativas são autoexplicativas.

Instrumento GUT					
Problema em questão	G	U	T	GxUxT	Classificação
Produção	5	5	5	125	1°
Clientes	3	4	3	36	4°
Tecnologia	4	3	4	48	3°
Máquinas	5	4	3	60	2°
Vendas	3	4	3	27	5°
Estoques	3	2	2	12	6°

Quadro 14 - Matriz GUT de priorização de problemas

Concluindo a priorização dos setores, verificamos que o setor da produção foi classificado em primeiro lugar, demandando solução imediata dos problemas de baixa produtividade e retrabalho. Vamos resolver a questão do retrabalho, no nosso caso vamos imaginar a pintura de uma mesa.

Solução de problemas
O consultor deve envolver os membros do grupo fa-

zendo as seguintes perguntas, relativas a cada assunto priorizado:

— Em que consiste esse problema, esse assunto?
— Como acontece?
— Quando?
— Quais são as causas?

Cada resposta é discutida, escrita numa ficha de cor diferente, depois colocada no painel para melhor visualização, formando novamente nuvens específicas. No passo seguinte, o consultor interpela os membros do grupo, provocando-os a trocarem informações e experiências a respeito:

Quem sugere uma solução?
Como vocês a aplicariam?

Encontrada a solução para um dos assuntos priorizados, passa-se para o próximo, até que todos estejam analisados. Vamos então aplicar o procedimento acima.

Em que consiste esse problema, esse assunto?
Alguém do grupo explica que "retrabalho" significa que em algumas peças ou produtos defeituosos algumas operações devem ser repetidas para sanar os defeitos.

Como acontece?
O autor da ficha responde: trabalho incorreto.

Quando?
O grupo confirma: quando há pouca atenção por parte do operador.

Quais são as causas?
Vários membros do grupo respondem: falta de cuidado em algumas etapas da pintura.

Quem sugere uma solução?
Um participante do grupo sugere que para evitar esse problema deve ser feito um treinamento prévio para os operadores de máquinas e equipamentos da pintura.

Como vocês a aplicariam?
Outro participante declara que o supervisor deverá

ficar atento e observar a fiel execução das diversas etapas na pintura.

Está, portanto, solucionado o problema classificado como o mais grave. Para a solução dos demais problemas, procede-se da mesma forma.

Quando os participantes não conseguem por si solucionar um problema, o consultor deve perguntar se conhecem alguém fora do grupo, talvez um fornecedor, que poderia ajudar na questão.

Existe ainda um outro método que pode ajudar a encontrar a solução para um problema ou tema, e até mesmo a implantar uma mudança que ficou postergada. Convém ressaltar que a maioria das dificuldades enunciadas é subjetiva, razão pela qual devemos buscar suas causas aplicando o diagrama "Espinha de Peixe", como parte do caminho PDCA explicado no capítulo anterior. Ele nos ajudará na solução das dificuldades encontradas.

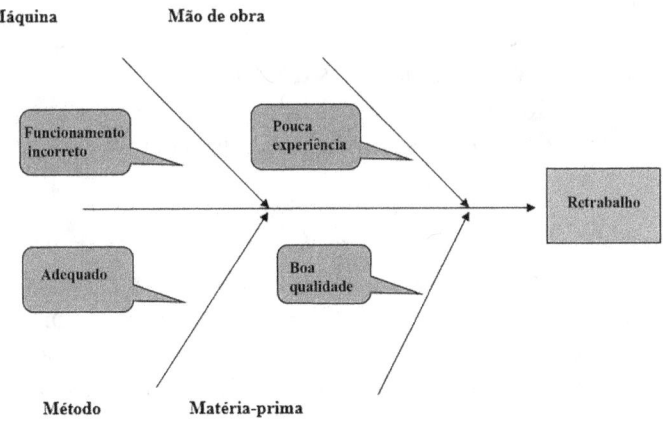

Figura 14 – Espinha de Peixe

Analisadas as causas, prosseguimos com a ação de bloqueio 5W1H e com o Plano de Ação já especificados no capítulo anterior.

Resta colocar as fichas de todas as funções apresentadas

numa coluna à esquerda do painel, e à direita fichas com as soluções. A pergunta seria:

Quais são as suas sugestões para solucionar as dificuldades no seu setor de trabalho?

Com as respostas a essa pergunta resumimos a solução das dificuldades apontadas. Terminaria assim o Módulo 2 da consultoria na empresa. Dependendo do volume de dificuldades encontradas, poderemos avaliar o número de reuniões necessárias para encontrar todas as soluções. É claro que para cada problema devemos aplicar todos os procedimentos anteriormente explicados, e entre este módulo e seguinte o consultor deve percorrer as dependências da empresa e acompanhar a adoção de soluções para sanar possíveis falhas nos diversos setores envolvidos na consultoria.

Resumindo:

1. O Módulo 1 nos permitiu eliminar os pontos fracos da nossa empresa.

2. O Módulo 2 nos ajudou a encontrar soluções para as dificuldades apontadas nos seus diversos setores.

3. O Módulo 3 nos mostrará o caminho que deveremos adotar para o melhor desempenho da nossa empresa.

Módulo 3

Considerando que no Módulo 2 detectamos várias dificuldades nos diversos setores da nossa empresa, vamos escolher como exemplo o setor de vendas, com "Alta inadimplência", e no setor de máquinas vamos solucionar o problema "Máquinas obsoletas".

Método de análise (Situação atual x situação desejada)

Situação atual

Como funciona hoje?
Esperamos o cliente nos procurar.

Qual o procedimento atual em relação à alta inadimplência?
Não temos uma pessoa responsável pelo setor de cobranças.

Causas
Por que é feito assim?
Já funciona dessa forma há muito tempo.

Situação desejada

Como deveria ser?
Deveríamos ter um setor de vendas.
Qual seria a situação ideal?
Deveríamos ter um setor de vendas implantado com um responsável devidamente capacitado.

Impedimentos

O que impede que se alcance a situação desejada?
Não ter sido contratado um profissional responsável no setor de vendas.
Que fatores dificultam ou impedem que se alcance a situação desejada?
A falta de gerenciamento adequado da empresa.

Tema a ser discutido		
	Situação atual	**Causas**
Pergunta-chave	Qual o procedimento atual?	
	Situação desejada	**Impedimentos**
Perguntas-chave	Como deveria ser?	O que impede que se alcance a situação desejada?
	Qual seria a situação ideal?	Que fatores dificultam ou impedem a implementação da solução?

Quadro 15 - Fatores considerados no método de análise

Do exposto, concluímos que os problemas do setor de vendas poderiam ser facilmente solucionados pela capacitação do gerente da empresa, que perceberia a necessidade de contratar para o setor uma pessoa devidamente habilitada.

Falta-me ainda mostrar como se implanta um Plano de Medidas para os casos mais difíceis, quando os métodos acima não solucionam os problemas.

Plano de Medidas

Para implementarmos esse Plano de Medidas, os participantes do grupo, de forma integrada, devem responder a cada uma das perguntas abaixo, com referência ao problema em pauta. Nesse exercício, vamos escolher o tema priorizado no setor de máquinas, "Máquinas obsoletas".

O que fazer?	Como fazer?	Quem vai fazer?	Com quem?
Adquirir computador	Pesquisa de preços	Gerente de compras	Empresas do Setor
Treinar pintores de móveis	Definir programa	Chefe do setor	Consultor habilitado

Onde?	Até quando?	Quem vai controlar?	
Na cidade	Em 10 dias	Gerente da empresa	
Na indústria de móveis	Dentro de 15 dias	Gerente da empresa	

Quadro 16 - Exemplos de Plano de Ação

O que fazer?
Substituir as máquinas obsoletas por outras mais modernas, que permitam o aumento de produção com maior qualidade.
Como fazer?
Elaborar um projeto técnico para definir a ordem de substituição das máquinas e indicar as mais adequadas para produção dos produtos.
Quem vai fazer?

A equipe técnica da empresa junto ao gerente de produção.

Com quem?

Contratando uma empresa especializada neste assunto, ou consultor habilitado.

Onde?

Na operação industrial na qual foi constatado o problema (máquinas obsoletas).

Até quando?

Definir uma data prefixada, um *deadline* para a elaboração e execução do projeto.

Quem vai controlar?

A empresa indica uma pessoa responsável, que vai controlar as ações para garantir a execução dentro do prazo previsto.

Vamos aplicar esse mesmo Plano de Ação a outros dois exemplos, a aquisição de um computador por uma empresa e o treinamento de pintores em uma indústria de móveis.

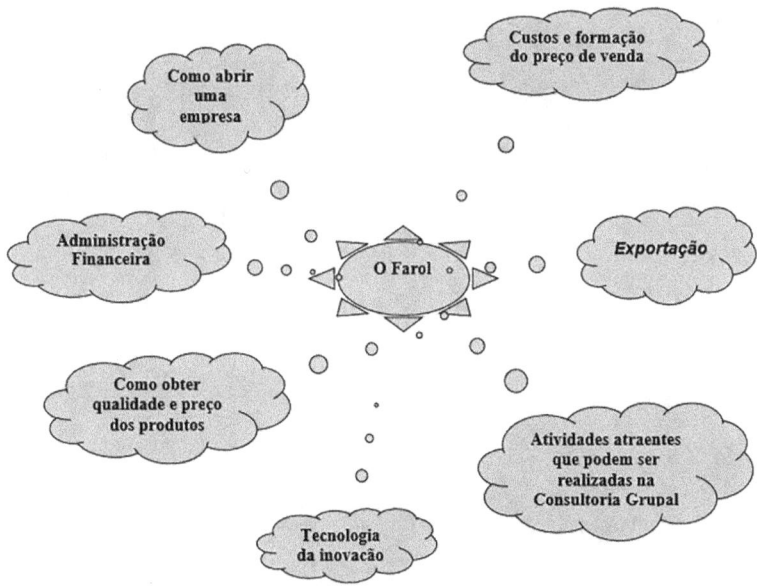

Figura 15 - A abrangência de O Farol

Capítulo 4
Sugestões atraentes para a Consultoria Grupal

Seguindo as sugestões deste capítulo, leitor amigo, empresário ou consultor, você encontrará o caminho para implementar de imediato a condução segura de um empreendimento.

Antes de prosseguir, lembramos que definimos como "núcleo" os grupos formados pelos colaboradores selecionados numa empresa, ou advindos de várias empresas, como o objetivo de realizar uma consultoria coletiva, com objetivos e técnicas apresentadas nos capítulos anteriores.

Atividades internas do núcleo

1. Levantamento dos problemas e dificuldades dos empresários participantes do núcleo

Objetivos
— Identificar os problemas que afetam o setor
— Demonstrar a semelhança entre os problemas encontrados
— Permitir facilmente a priorização de temas

Recomendações
— Apresentar ao grupo o processo de busca e solução dos problemas
— Utilizar o Metaplan
— Solucionar primeiramente os problemas comuns, obedecendo à priorização das dificuldades encontradas

2. Comprar em conjunto com os participantes do núcleo

Objetivo
— Apresentar ao grupo pertencente ao mesmo ramo as facilidades proporcionadas na execução desta tarefa através da prática do associativismo.
Esta atividade, muitas vezes, aparece como consequência da atividade anterior.

3. Discussão da definição de preços de produtos e serviços

Objetivo
— Garantir um preço similar para produtos iguais ou idêntica prestação de serviços.

Recomendações
— Esclarecer os empresários participantes que não se está procurando preços iguais, mas preços compatíveis.
Geralmente esta atividade induz à realização da atividade seguinte.

4. Cálculo de custos e preços de produtos e serviços

Objetivo
— Aperfeiçoar os conhecimentos de cada participante e sua aplicação na empresa

Recomendações
— Esta tarefa pode ser obtida após um treinamento médio de 15 horas.
— O curso deve ser desenhado especificamente para o ramo de cada núcleo.
— Eventualmente pode-se combinar com o instrutor sessões de consultoria individual, durante o dia, nas empresas do grupo, com o objetivo de transferir o conteúdo para a prática na empresa.

5. Recrutamento e seleção de funcionários

Objetivo
— Apresentar aos participantes as ferramentas, técnicas e critérios que permitem maior eficácia na contratação de funcionários

Recomendações
— Apresentar ao consultor as peculiaridades do ramo, para que ele trabalhe no curso com exemplos reais que afetem o setor
Esta atividade poderá ser também consequência da atividade 1.

6. Intercâmbio com empresários do mesmo ramo, mas de outros núcleos

Objetivo
— Dar maior credibilidade ao trabalho que se inicia, já que o(s) empreendedor(es) pode(m) apresentar os resultados já alcançados em sua(s) empresa(s)

Recomendações
— A escolha do empreendedor é importante; ele deve ter credibilidade e ser capaz de se comunicar oralmente
— O empreendedor deve motivar o grupo mostran-

do sua experiência e as mudanças efetuadas em sua empresa pela consultoria coletiva

7. Reunir o núcleo em uma das empresas que dele participa

Objetivo
— Quebrar o isolamento dos empresários e fazer com que se conheçam por dentro das empresas

Recomendações
— Realizar essa atividade com uma empresa do núcleo que se identifique com o padrão médio do grupo
— Iniciar a reunião com uma pequena visita à empresa
— Simultaneamente, os empresários devem preencher um questionário apropriado sobre a empresa, que mais tarde será tabulado pelo consultor e entregue ao empresário da empresa visitada como parte da consultoria do grupo

8. Divulgação das listas dos participantes do núcleo (nome, endereço etc.)

Objetivo
— Iniciar a formação de redes no setor, incrementando a comunicação entre eles

Recomendações
— Entregar a lista com nome, telefone e endereço dos participantes logo na primeira reunião
Esta atividade pode ser intercalada com as etapas do processo de solução dos problemas (atividade 1)

9. Planejamento das atividades do núcleo para os próximos meses/ ano em curso

Objetivos
— Definir um padrão para as reuniões

— Evitar atividades esparsas e sem preparação prévia

— Evitar que o consultor aja como "bombeiro", "apagando o fogo" a cada encontro

Recomendações

— Examinar as ideias do empreendedor ou consultor para novas atividades

— Examinar atividades, cursos, visitas, feiras já realizadas no início do núcleo e que devem ser repetidas devido à presença de novos membros

10. Avaliação trimestral/ semestral/ anual das atividades do núcleo

Objetivos

— Demonstrar ao grupo, por meio das atividades desenvolvidas, que somente a união viabiliza certos resultados.

— Efetuar eventualmente uma correção do rumo ou planejamento

Recomendações

— É necessária uma boa preparação para essa reunião, munindo-se de informações e subsídios que permitam uma avaliação criteriosa

— A reflexão e comparação "antes e agora" ajudam a perceber as mudanças realizadas no núcleo e nas empresas

11. Jantar de confraternização

Objetivo

— Reforçar a coesão do grupo

Recomendações

— Participação de esposas e maridos

— Poderá ser em uma empresa, sítio ou restaurante, a decisão fica a critério do grupo

12. Debate entre executivos e representantes da Federação ou presidente da Entidade Empresarial

Objetivos
— Demonstrar a importância do núcleo dentro da Entidade Empresarial
— Intensificar o conhecimento da cúpula sobre os problemas enfrentados por determinado ramo

Recomendações
— Essa é uma atividade de acompanhamento
— Avaliar o trabalho da consultoria: o que tem sido feito? Como a diretoria da Federação ou da Entidade Empresarial pode contribuir?
— Realizar essa atividade uma vez por ano

13. Informatização das empresas pertencentes ao núcleo

Objetivos
— Procurar em grupo um software mais adequado para o controle de custos, estoques, clientes etc.
— Mostrar que os conhecimentos dos participantes sobre o assunto permitem elaborar um projeto mais eficiente

Recomendações
— Procurar adquirir um hardware mais adequado em conjunto
— Procurar o apoio de empresas do ramo para a elaboração do software

14. Pesquisas das empresas participantes com um questionário

Objetivo
— O empreendedor ou consultor adquire informações sobre as empresas do grupo com maior rapidez

Recomendação
— Elaborar um questionário específico para o setor, capaz de fornecer dados e informações relevantes na condução do núcleo

15. Convênio com distribuidores de insumos (matéria-prima) ou produtos

Objetivos
— Melhorar os conhecimentos dos participantes relativos aos fornecedores
— Observar novas tecnologias, processos e métodos na elaboração e utilização de insumos ou produtos adquiridos
— Melhorar a conexão com essa fonte de *know-how*

Recomendações
— Incluir no convênio os pontos de maior interesse do grupo, tais como: treinamento específico, compras, postos autorizados, expositores etc.
— Realizar depois de alguns meses uma avaliação dos benefícios obtidos pelo grupo

Treinamento

1. Oferecer diversos cursos, ministrados por técnicos ou especialistas, fornecedores de insumos ou de produtos
Objetivos
— Induzir os empresários a buscar soluções em grupo, relativas aos problemas do setor
— Mostrar a necessidade de os empresários investirem na capacitação, deles mesmos e de seus funcionários

— Melhorar o conhecimento sobre o uso adequado dos insumos ou produtos dos fornecedores

Recomendações
— Como regra geral, os fornecedores realizam esta atividade gratuitamente, porque fazem questão do uso correto de seus insumos ou produtos
Esta atividade é uma consequência das atividades 1 e 15. A realização de cursos sempre é bem aceita pelo grupo.

2. Aula prática ministrada por um empresário do núcleo em sua própria empresa
Objetivos
— Transferir e apresentar novos métodos e processos de produção ou prestação de serviços
— Quebrar o isolamento entre os participantes do grupo
— Utilizar o conhecimento do empresário para trocar experiências

Recomendações
— Iniciar essa atividade em uma empresa que se identifique com o padrão médio do grupo
— Incluir de preferência temas abordados e elencados no levantamento de problemas

3. Cursos técnicos para aprendizes e funcionários, tendo como instrutores os próprios empreendedores
Objetivos
— Oferecer aos funcionários treinamento ministrado por profissionais já habilitados nas empresas, entidade empresarial ou outras entidades apropriadas
— Usar a "prata da casa" para compartilhar informações sobre as diversas áreas de atuação do setor
— Mostrar que o núcleo organizado, com seus pró-

prios recursos físicos e humanos, poderá aprimorar seu nível profissional

Recomendações
— A escolha do empreendedor para ministrar o treinamento deve levar em conta sua credibilidade junto aos colegas
— É recomendável que os cursos sejam ministrados por diversos empresários, obedecendo ao critério de maior capacidade neste ou naquele tema
— Procurar nessa atividade envolver todos os *trainees* das diversas empresas que compõem o núcleo.

4. Outros cursos recomendados pelo próprio grupo
Objetivos
— Reforçar o interesse do núcleo por um determinado tema
— Intensificar o relacionamento entre os empresários e destes com outros profissionais (técnicos e especialistas) de empresas maiores do mesmo setor, ou de Entidades que constituam fontes de *know-how*

Recomendação
— Entrar em contato com Escolas Profissionalizantes para encontrar o instrutor adequado para cada curso solicitado

5. Debates/ mesa-redonda/ palestras informativas/ apresentação
Objetivos
— Apresentar novas ideias, discutir alternativas, possibilidades ou novas técnicas
— Sensibilizar quanto à importância de determinado tema
— Fornecer os empresários do setor com informa-

ções que mostrem o uso adequado de determinados equipamentos, peças, produtos e insumos para o bom desempenho da empresa

Recomendações
— Para um evento como esse, convém considerar as quatro áreas fundamentais de uma empresa: comercial, financeira, produção e recursos humanos e aspectos referentes ao próprio empreendedor (gerenciamento, comportamento, adaptação a mudanças)
— Evitar que toda reunião seja uma palestra ou algo parecido
— Cuidar para que a reunião do núcleo não se torne um balcão de venda de treinamentos

6. Palestras sobre o tema "Aperfeiçoamento"
Objetivo
— Iniciar um processo permanente de aperfeiçoamento

Recomendações
— Palestras de cunho técnico do setor
— Palestras de cunho administrativo, gerencial e motivacional, como, por exemplo "A importância do associativismo no mundo moderno"; "A necessidade de lucro para a empresa"; "Relação entre folha de pagamento e faturamento"; "Motivação de funcionários"; "Como utilizar reclamações de clientes", "Excelência no atendimento ao cliente na empresa"

Visita, estágio e missão

1. Estágio em uma empresa que já atingiu elevado conceito na comunidade, pertencente ao núcleo ou participante do mesmo setor em outra cidade

Objetivos
— Transferência de processos, receitas, tecnologia e técnicas de administração empresarial
— Levar experiências completamente novas para o empreendedor, que provavelmente não estuda há muito tempo

Recomendações
— Mesclar administração de empresas e técnicas de produção ou de prestação de serviços
— Explorar a possibilidade de iniciar a formação de uma rede entre os empresários do setor em várias regiões

2. Visita do núcleo a outro núcleo do mesmo ramo em outra cidade
Objetivos
— Demonstrar na prática os resultados já alcançados pelas empresas e pelo grupo num determinado período
— Apresentar as experiências e o funcionamento de um núcleo do mesmo setor de outra cidade

3. Visitas a fornecedores de máquinas, equipamentos e matéria-prima
Objetivos
— Observar novas tecnologias, processos produtivos e conhecer melhor o produto e a matéria-prima utilizada
— Melhorar a ligação com fornecedores, aproveitando que são fonte de *know-how*

Recomendações
— Aproveitar a oportunidade para fazer um passeio
— Avaliar a visita

4. Visita a feiras nacionais e internacionais

Objetivos

— Colocar o empresário em contato com novas tecnologias, técnicas e matérias-primas

— Possibilitar uma atividade que o empresário não desenvolveria sozinho

Recomendações

— Orientar os participantes quanto aos aspectos importantes a observar na feira

— Tentar promover visitas a fornecedores (aproveitar oportunidades).

Consultoria

1. Prestação de consultoria aos empresários do núcleo por um consultor

Objetivos

— Abordar o empresário como parceiro, para gerar informações e ideias que promovam o desenvolvimento da própria empresa

— Tratar assuntos individuais da empresa, que não são abordados nas reuniões do núcleo

Recomendações

— Quando um problema chegar ao conhecimento do consultor, que não pode saber tudo sobre administração e tecnologia de empresas, sua tarefa é transferir as informações obtidas com a fonte de *know-how* ou conectar o empreendedor a esta fonte

— A consultoria pode acontecer por telefone, por escrito, por uma visita do empreendedor ao consultor ou vice-versa

2. Prestação de consultoria sobre desperdícios

Objetivos

— Melhorar as condições do meio ambiente na empresa, cidade e região

— Utilizar a matéria-prima de forma mais racional, evitando o desperdício e procurando reaproveitar as sobras

— Reduzir o consumo de água e energia elétrica sem afetar a qualidade dos produtos produzidos ou dos serviços oferecidos

Recomendações

— Construir cisternas para acumular a água da chuva com vistas à sua utilização na empresa em operações que não exijam água tratada

— Utilizar telhas ou chapas translúcidas, permitindo a iluminação natural durante dias ensolarados, diminuindo, assim, o consumo de energia elétrica

3. Discussão de assuntos jurídicos sobre legislação tributária e trabalhista

Objetivos

— Apresentar aos participantes o funcionamento de legislação

— Apresentar resultados concretos aos participantes

Recomendações

— É uma boa oportunidade para a ACI/ AMPE mostrar serviços, visto que a maioria das instituições tem advogados contratados ou oferece assistência jurídica aos associados

— Antes do evento, levantar as dúvidas e questionamentos dos empresários e repassá-los aos advogados

Ações de lobby

1. Conceito e estratégia

Objetivo

— Adquirir influência, conquistar o interesse de pessoas-chave, que detêm o poder de tomar decisões importantes

Recomendações
— Efetuar lobby (junto a órgãos públicos, fornecedores) como os núcleos têm feito em várias ocasiões. Entretanto, percebemos que se torna cada vez mais importante a estratégia a ser usada, ou seja, é mais importante "como solicitar" do que, propriamente "o que solicitar"
— Nesta esteira, algumas sugestões de como efetuar lobby: (1) conhecer o assunto com profundidade; (2) formular a solicitação de modo claro e exato; (3) enfatizar a credibilidade do relator da solicitação, que não deve parecer uma exigência; (4) o interlocutor deve sentir que também obterá alguma vantagem; (5) ir passo a passo; e (6) manter contatos estreitos

2. Debate com a diretoria e o executivo da Entidade Empresarial
Objetivos
— Melhorar o relacionamento
— Apresentar sugestões de serviços desejados (informações, apoio, treinamento, consultoria, missões etc.)

Recomendações
— O convite deve ser feito pelo núcleo
— Fazer uma reunião preparatória para discutir os pontos mais importantes a serem abordados, ou as mudanças a serem sugeridas, visando ao melhor desempenho do núcleo

3. Debate com o SEBRAE e SENAI
Objetivos
— Conhecer com maiores detalhes as ofertas do SEBRAE e SENAI para o setor em que o núcleo atua
— Adequar tais ofertas de serviços para o ramo

— Obter apoio para a promoção e realização de eventos

Recomendações
— O convite deve ser feito pelo núcleo ou pela Entidade Empresarial a que pertence
— Organizar uma reunião preparatória para discutir questões do tipo "O que queremos?", "Quais as nossas dúvidas?"

Ações para o mercado

1. Lançamento em conjunto de novos produtos ou serviços por meio de um evento público
Objetivos
— Atingir o mercado com mais influência e impacto, se comparado a ações isoladas
— Mostrar o desempenho do ramo para o público local/ regional

Recomendações
— Reunir os participantes do grupo, mostrando as vantagens desta atividade
— Discutir e definir claramente as expectativas dos empresários participantes
— Buscar patrocinadores (entre os fornecedores)
— Convidar autoridades e lideranças locais e regionais
— Após o evento, fazer uma avaliação

2. Participação como núcleo com um estande em feira local/ regional/ nacional
Objetivos
— Atingir diretamente o mercado com resultados em curto prazo

— Apresentar o setor em público como membro de um grupo ou ramo, o que demonstra uma união
— Arregimentar novos participantes para o núcleo

Recomendações
— Obter o compromisso de determinados empresários do núcleo para assumirem as principais tarefas em conjunto com o consultor (antes, durante e após a feira)
— Buscar patrocinadores
— Discutir e definir claramente as expectativas
— Participar do estande com o nome do núcleo
— Procurar apoio técnico de empresas habilitadas no ramo de feiras para a confecção de "spots" e outras modalidades de propaganda em conjunto

3. Ação de marketing através de um folder das empresas do núcleo
Objetivos
— Divulgar de forma homogênea as informações necessárias aos clientes
— Fixar os pontos mais importantes a serem ressaltados na divulgação dos produtos e serviços prestados pelo núcleo

Recomendações
— Procurar apoio técnico de empresas habilitadas, usando os folders como exemplo dessa propaganda conjunta
— Solicitar auxílio financeiro dos fornecedores, criando parcerias

Outros

1. Aquisição de vídeos que tratam de diversos assuntos referentes ao setor do núcleo

Objetivos
— Facilitar o acesso a meios de treinamento que os empresários não utilizariam isoladamente
— Oferecer aos empresários uma forma diferente de treinar seus funcionários

Recomendações
— Antes de adquirir os vídeos, fazer uma avaliação para selecionar os temas mais importantes
— Perguntar aos fornecedores se possuem vídeos próprios para o ramo do núcleo

2. Coletar publicações sobre matérias importantes para o setor do núcleo
Objetivos
— Manter um movimento permanente de aperfeiçoamento dos empreendedores
— Estimular o interesse pelos temas relevantes ao setor

Recomendações
— Livros, revistas e publicações
— Contatar entidades como o SEBRAE, SENAC, SENAI etc.
— Coletar material em feiras do setor

3. Internet/ websites
Objetivos
— Utilizar a internet como fonte de *know-how*
— Procurar websites relevantes e interessantes

Recomendação
— Na reunião dos consultores das Entidades Empresariais da região, escolher um consultor que fique como responsável pela busca de websites e sua divulgação entre os demais consultores

Capítulo 5
Como constituir uma empresa

Neste capítulo, abordaremos em detalhes o caminho ideal para criar uma empresa, as diversas etapas a serem percorridas para transformar ideias em negócios. São etapas muito importantes, porque nos fornecem mecanismos para facilmente identificar e solucionar as dificuldades enfrentadas por empreendedores.

Surge uma nova empresa quando uma pessoa com talento, denominada "empreendedor", tem novas ideias, conseguiu alguns recursos e tem conhecimento técnico do setor no qual pretende atuar.

Esquematizando, teremos:

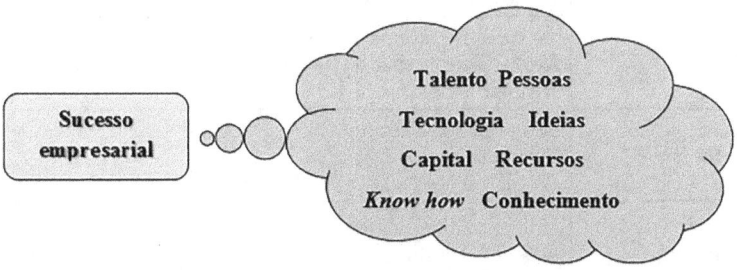

Figura 16 - O nascimento de uma empresa

O talento empreendedor resulta da percepção de pessoas

que fazem as coisas acontecerem. Quando o talento incorpora tecnologia, e as pessoas têm ideias viáveis, o processo empreendedor está pronto para começar. Falta ainda o capital, que é o combustível, e o *know-how*, ou seja, o conhecimento e a habilidade de juntar tudo, utilizando simultaneamente o talento, a tecnologia e o capital para criar uma empresa.

Nos últimos anos, o termo "empreendedor" tem sido cada vez mais empregado em publicações e pela imprensa do nosso país de maneira geral. Em muitas escolas e universidades já existe a cadeira de Empreendedorismo, um sinal de que existe interesse em formar não somente executivos, mas também empreendedores. Isso demonstra que se criou um espírito inovador na educação, apoiando e ajudando os que geram renda e emprego.

Vários países de primeiro mundo colocam à disposição do empreendedor mecanismos capazes de fortalecer essas iniciativas empreendedoras, além de alocar recursos específicos para essa finalidade.

Características dos empreendedores de sucesso

Não importa o ramo escolhido, os empreendedores aparesentam um elenco de características em comum.

Conhecimento	Adquirido por meio de capacitação continuada Experiências práticas Informação adquirida através de leituras Participação em cursos
Riscos	Ser capaz de assumir riscos calculados Avaliar as reais chances de sucesso Assumir os desafios
Otimismo	Gostar de seu trabalho Ter muita imaginação Prever o sucesso em vez do fracasso
Mudanças	Liderar mudanças Estar à frente dos demais Ser independente
Criativo	Abrir seu próprio caminho Tomar iniciativas Ser empreendedor, criar emprego e gerar renda

Liderança	Valorizar os colaboradores Senso de liderança Estimular as iniciativas
Relacionamento	Bom relacionamento com os clientes, fornecedores, entidades de classe etc. Manter uma rede de contatos
Planejamento	Planejar cada passo do seu negócio Fazer o planejamento a partir do plano de negócio até a definição das estratégias e marketing
Trabalho	Dedicar-se à empresa vinte e quatro horas por dia Ser incansável no trabalho
Dinâmico	Vencer os obstáculos com uma vontade ímpar de fazer acontecer
Oportunista	Conceber novas ideias a respeito daquilo que todos veem, porém não conseguem identificar algo de prático para transformar em oportunidades

Quadro 17 - Características do bom empreendedor

A seguir detalharei as diversas etapas necessárias para criar uma empresa de forma esquemática, que facilita a visualização simultânea de todos os aspectos envolvidos e permite, ao mesmo tempo, simplificar o texto. Meu objetivo é viabilizar a atuação de um consultor também na criação e implementação um novo empreendimento.

Evolução de uma empresa

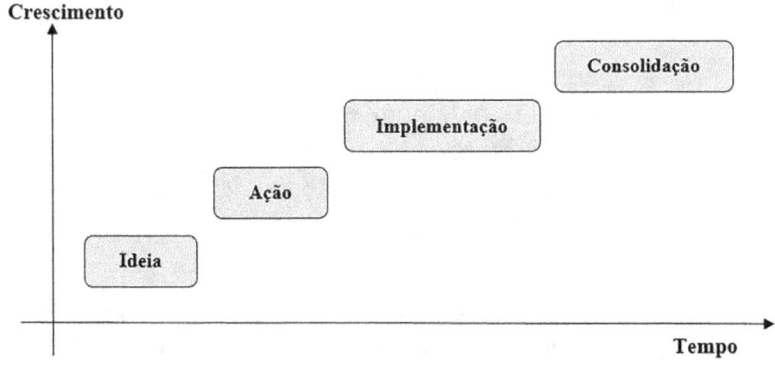

| 105 |

Seguindo nesse raciocínio, vejamos os principais fatores pessoais, sociológicos, ambientais e organizacionais que influenciam consideravelmente no processo empreendedor. Verifiquemos também os componentes de cada um desses fatores e como eles geram uma ideia, a ação correspondente, a implementação e a consolidação de uma empresa.

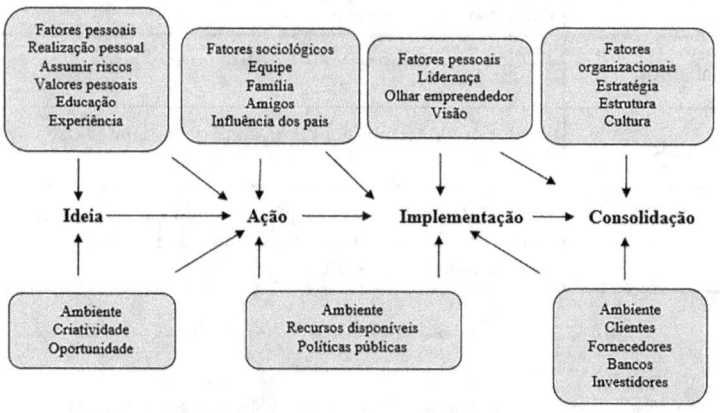

Figura 17 – Fatores marcantes na implementação de um negócio

O processo de planejamento estratégico abaixo nos permite ter uma visão geral dos procedimentos necessários para a criação de uma empresa.

Existem alguns mitos que muitas vezes o candidato a empreendedor acredita serem verdadeiros. Abaixo alguns deles:

— Serei meu próprio chefe
— Ficarei rico da noite para o dia
— Não tenho nada a perder
— Posso começar a viver do negócio imediatamente
— Dinheiro atrai dinheiro

Não confie nessas afirmativas, porque são falsas. É pouco provável que você será seu próprio chefe; provavelmente, na rotina empresarial, terá que se submeter à própria empresa, aos seus clientes, seus funcionários, bancos etc.

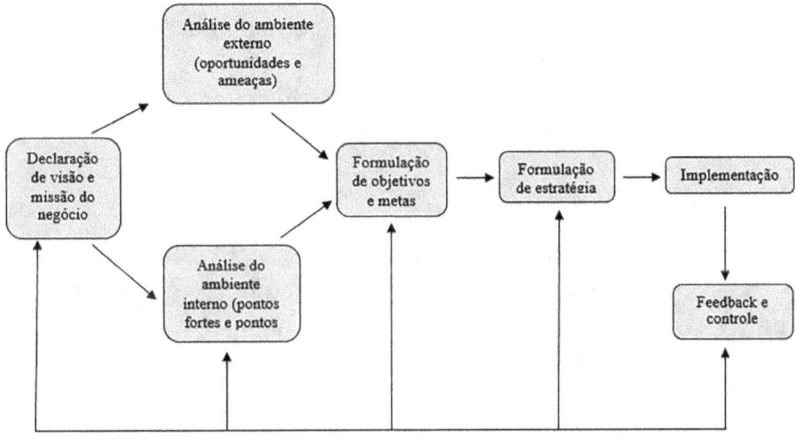

Figura 18 - Planejamento estratégico de uma empresa

As histórias de enriquecimento repentino não são verdadeiras: a experiência tem demonstrado que isso demora muitos anos. Pensar em utilizar o dinheiro dos outros raramente faz sentido, e ninguém em sã consciência irá incorrer em dívidas quando puder evitá-las.

Pensar em viver imediatamente do seu negócio não funciona porque a maioria dos donos de empresa leva, no mínimo, de seis meses a um ano para fazer a primeira retirada.

Quanto ao dito popular "dinheiro atrai dinheiro", é apenas uma meia verdade. Algumas boas ideias para negócios podem atrair dinheiro, porém nem sempre é assim, mesmo porque existem negócios que exigem cada vez mais capital até se consolidarem.

Agora examinaremos um exemplo prático para aprofundar os passos necessários para abrir um negócio. A sequência obedece aos seguintes procedimentos iniciais:

Decidir o tipo de empresa
Quanto dinheiro você pode investir?

Você pode atrair outros investidores?
O que você sabe fazer bem?
O que gosta de fazer?
O que gostaria de fazer daqui a cinco anos?
Que tipo de retorno espera ter?
Alguns negócios são mais lucrativos do que outros?
Como vai poder sair do negócio?

Declaração da missão
Quem forma o seu mercado (clientes)?
Qual é seu produto ou serviço, e que benefícios trazem para a sua clientela?
Qual é sua competência em relação aos outros?

Examinar possíveis dificuldades
Você deverá analisar os pontos fortes e fracos do negócio, bem como as oportunidades e ameaças representadas pelos vários ambientes nos quais seu negócio irá funcionar

Avaliar expectativas
Que tipo de alta de preço/ margens de lucro posso esperar durante meu primeiro ano?
Que associações empresariais considera úteis?
Que tipo de treinamento eu deveria ter?
Quais são as melhores fontes de informação para um negócio?
Quanto tempo se leva para conseguir crédito comercial?

Selecionar o escopo de produtos que pretende oferecer
Que produtos ou serviços pretende vender?
Como o mercado-alvo descobrirá que você existe?
Por que seu mercado-alvo compraria esses bens ou serviços?
Quando irá comprá-los? Esporadicamente, semanalmente, etc.
Como o mercado pagará: à vista ou a prazo?

Que variação de preços irá oferecer?
Onde o mercado irá encontrar seu produto ou serviço?

O que diferencia sua empresa das demais
Qualidade
Serviço
Valor atribuído
Preço
Vantagem
Confiabilidade
Garantia
Linha de produtos
Local de origem
Características específicas
Acessibilidade de compra

Depois de um ano de operações, convém fazer nova avaliação
Quais foram seus principais obstáculos?
Que problemas enfrentou depois de um ano da atividade?
Se você soubesse naquele tempo o que sabe agora, o que teria feito diferente?
De que você gosta mais e de que gosta menos no seu negócio?

É importante analisar item por item, responder conscientemente a todas as perguntas e executar as ações necessárias para constituir uma empresa em bases sólidas. Cada um desses itens conta, e deixar de analisá-los e considerá-los será uma incoerência pela qual pagaremos no futuro.

Não se pode mais hoje em dia pretender abrir um negócio sem ter devidamente definido o objetivo da empresa e o setor a que ela pertence. Da mesma forma, temos que examinar previamente as possíveis dificuldades que poderemos enfrentar, para saber como agir no momento certo e assim garantir o êxito.

Estando plenamente decidido o produto ou serviço, bem como definidos os critérios que a diferenciam dos concorrentes, poderemos montar um Plano de Ação para sua implementação.

Plano de Ação

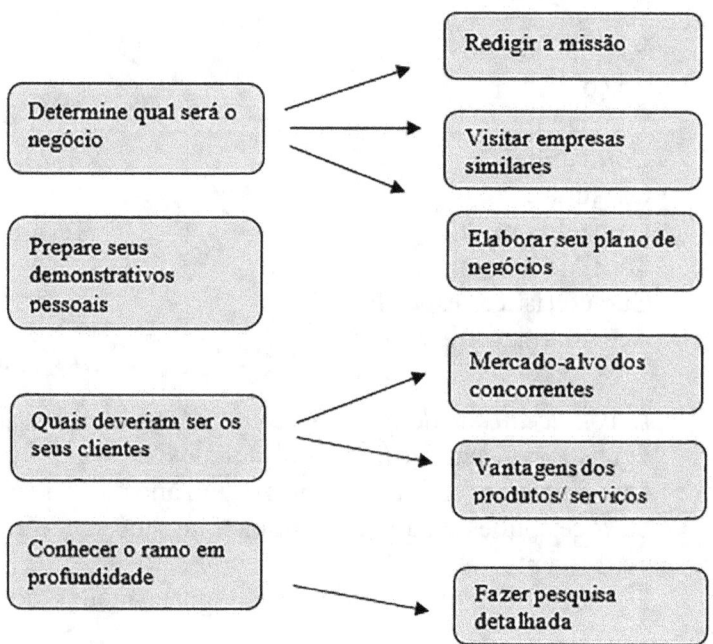

Figura 19 - Preparando o estabelecimento uma empresa

Passamos, então, a mostrar os principais itens que devem constar de um plano de negócios.

Modelo de um plano de negócios

1. Dados cadastrais: nome da empresa, diretores, endereço, telefone, fax, e-mail
2. Estabelecimento dos objetivos
3. Sumário
A empresa

1. Descrição da empresa
2. Produto/ Serviço
3. Mercado
4. Local da empresa
5. Gerenciamento
6. Pessoal
7. Aplicação e efeito esperado de um empréstimo (se necessário)

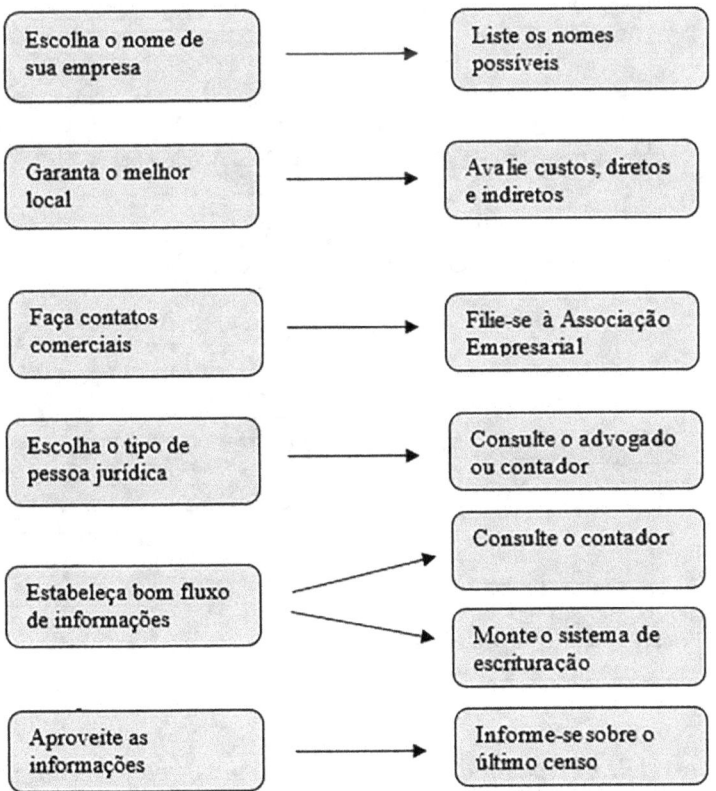

Figura 20 - Preparando o estabelecimento uma empresa (Fase 2)

Os itens que envolvem a administração financeira, como balanço, fluxo de caixa, ponto de equilíbrio etc., serão analisados em detalhes nos próximos capítulos. Antes disso, há várias etapas que requerem muito tempo, atenção e dedicação, como, por exemplo, a escolha adequada do local onde vai funcionar a empresa. Com certeza, deve ser observada a densidade demográfica da região, especialmente se a empresa pertence ao setor comercial ou de serviços, assim como verificar a direção de expansão da cidade escolhida.

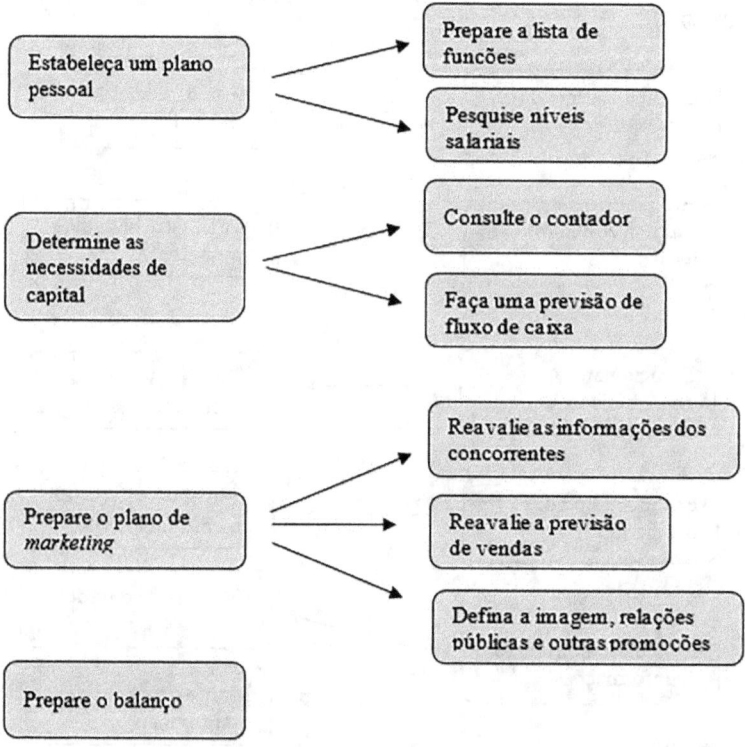

Figura 21 - Preparando o estabelecimento uma empresa (Fase 3)

A nível preliminar, um planejamento financeiro constaria de:

— Dados financeiros
1. Fontes e aplicação do financiamento
2. Lista de equipamentos básicos

— Balanço
— Análise do ponto de equilíbrio
— Projeções de entradas (demonstração de resultados)
— Projeções de fluxo de caixa
— Análise do desvio
— Relatórios financeiros históricos para empresas existentes

Uma vez estabelecido o plano de cargos e salários, a necessidades de capital, o plano de marketing e o balanço, claramente identificados na Fase 3, já podemos vislumbrar a nossa empresa, que poderá ser uma indústria, ou uma empresa agrícola, na área comercial ou de serviços. Em outras palavras, não importa o setor a que ela pertença, devemos ultrapassar todas as etapas do plano de ação, uma síntese de tudo que devemos fazer para alcançar nosso objetivo.

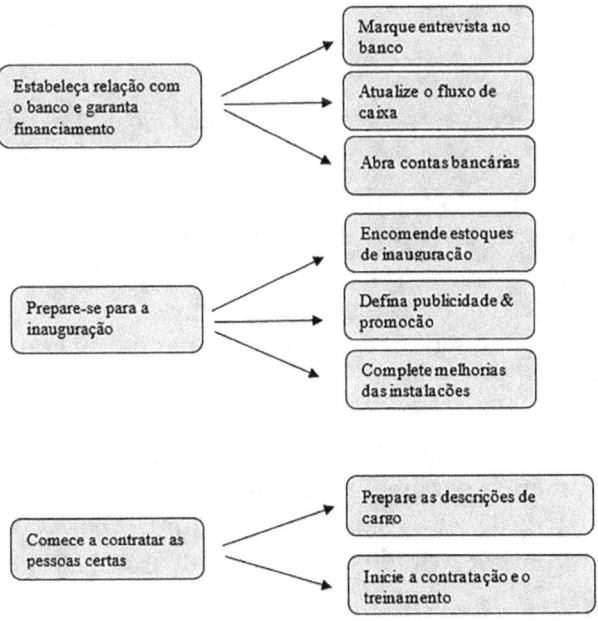

Figura 22 - Preparando o estabelecimento uma empresa (Fase 4)

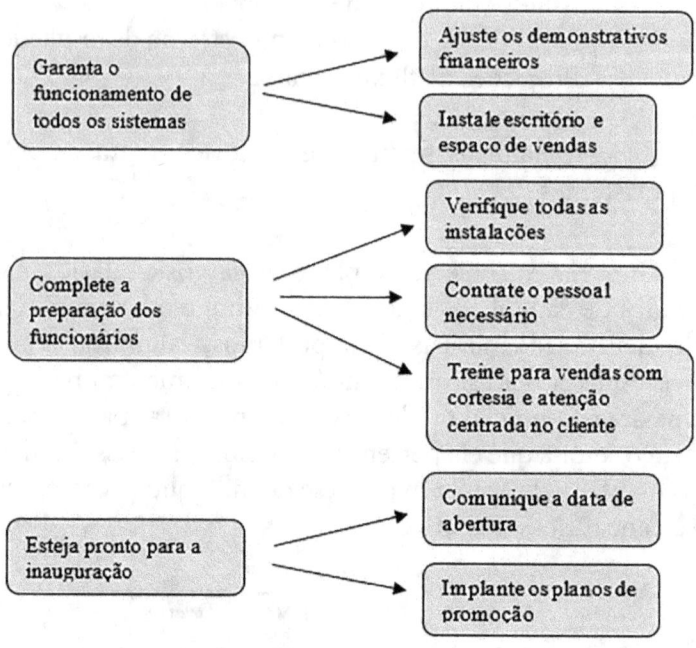

Figura 23 - Preparando o estabelecimento uma empresa (Fase 5)

Essas etapas do Plano de Ação, apresentadas esquematicamente, se explicam por si mesmas. São ações práticas, de fácil compreensão e execução e que você já conhece, pois fazem parte dos pré-requisitos de uma consultoria.

Cumpridas as cinco etapas, estaremos em condições de inaugurar a nossa empresa!

Parabéns! Conhecendo todos os procedimentos que envolvem a criação de um negócio, você estará munido das principais ferramentas para realizar a contento uma consultoria nessa área. A partir de então, convém fazer um *feedback* periódico e manter o controle de todo o planejamento estratégico que apresentamos.

Capítulo 6
O controle de processos industriais ou de serviços

Quando nos referimos ao controle de processos industriais ou de serviços, entendemos desde logo que se trata de controlar a *qualidade* dos produtos ou serviços de uma empresa. Para isso é preciso implantar uma metodologia adequada, que nos mostre o passo a passo das ações que devem ser executadas. Vou me ater, como exemplo, ao "processo" de uma unidade fabril, como segue:

Macroprocesso é uma unidade com características específicas, por exemplo, uma empresa que fabrica móveis, vende eletrodomésticos ou conserta geladeiras.

Processos são as etapas mais importantes de uma unidade, por exemplo, furação, lixamento e pintura dos móveis produzidos numa fábrica.

Tarefas são as etapas de um processo; no caso acima, na etapa de pintura, por exemplo, seria a aplicação de um tingidor nos móveis.

Atividades são as etapas realizadas em cada tarefa; por exemplo, no tingimento, aplicamos o tingidor específico para cada tipo ou modelo de móvel.

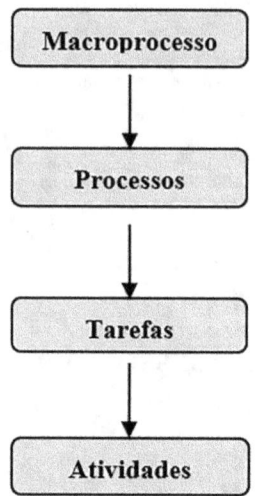

Vamos então implantar o controle num determinado processo de uma unidade fabril, considerando que se aplicaria a qualquer setor industrial. O controle compreende na realidade três fases: (1) definir a função do processo; (2) elaborar seu fluxograma; e (3) identificar os itens que queremos controlar.

O que é função? É o conjunto de produtos ou serviços prestados dentro de um determinado processo, que atenda aos fornecedores, aos clientes e à missão da empresa. A função compreende os seguintes itens: (1) missão; (2) produto; (3) clientes; (4) processo; e (5) fornecedores.

Missão

Definir uma missão é muito importante para que todos os integrantes de um departamento tenham a mesma percepção de seu processo. Exemplificando, na empresa fabricante de móveis, teremos com certeza um processo de secagem da madeira. Logo, a missão seria "Transformar madeira *in natura* em madeira seca, de alta qualidade, para a fábrica".

Para elaborar a missão para cada departamento, devemos descrever a atividade essencial em frases com poucas palavras, porém concisas. A missão deve representar um desafio, e ser consenso da diretoria, gerente, chefes de departamentos e colaboradores. Finalmente, deve ser divulgada para os colaboradores dos outros departamentos, para se tornar um compromisso de todos.

Uma missão deve levar em conta as seguintes questões:

O que fazer? Transformar madeira *in natura* em madeira seca.

Como fazer? Secando com alta qualidade.

Para quem? Para um determinado departamento da fábrica.

Produto

É o resultado de um determinado processo, podendo tanto ser um bem físico como um serviço com características próprias. Exemplo: uma fábrica que produz cadeiras, ou uma oficina que conserta geladeiras.

Cliente

Cliente é a pessoa diretamente atendida pelo processo, podendo ser interno ou externo: interno quando o produto se destina a outro departamento de uma mesma unidade, e externo quando é destinado para fora da mesma unidade. Exemplo de cliente interno: a madeira seca destinada ao departamento de usinagem da mesma fábrica; e de cliente externo: quando essa madeira é vendida para outra unidade.

Processo

É o conjunto de etapas a serem executadas para a geração de um produto ou serviço com características próprias. Exemplificando, as etapas necessárias para se produzir uma cadeira. Compreende dois fluxogramas: o fluxograma administrativo e o de produção. Esses fluxogramas descrevem graficamente as principais etapas, e têm como objetivo delimitar as competências e responsabilidades em cada etapa de determinado processo.

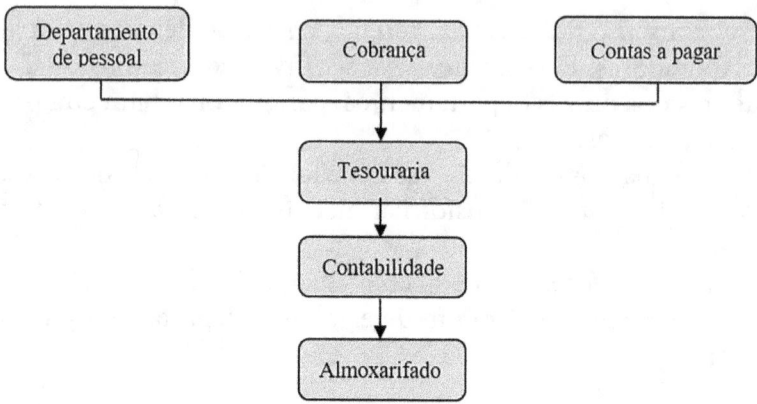

Figura 24 - Exemplo de fluxograma administrativo de um processo

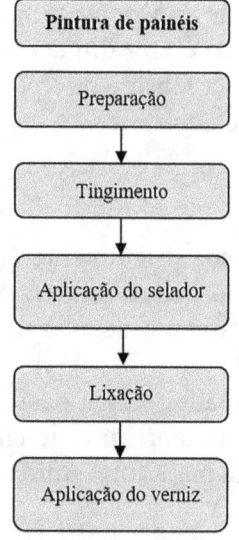

Figura 25 - Exemplo de fluxograma de produção

Fornecedores

Os fornecedores podem ser internos e externos. Internos são os departamentos que suprem as necessidades de uma unidade fabril, comercial ou de serviços nos seus processos, como secagem da madeira, usinagem, pintura etc.; e externos são outras empresas que fornecem energia elétrica, matéria-prima etc.

Convém salientar que o objetivo de todo controle é prever o desempenho de todos os processos. E controlar significa estabelecer, obedecer e revisar continuamente os padrões e procedimentos aplicados para a produção de produtos, visando à satisfação dos clientes.

Sua implementação se processa obedecendo às etapas do já conhecido caminho PDCA.

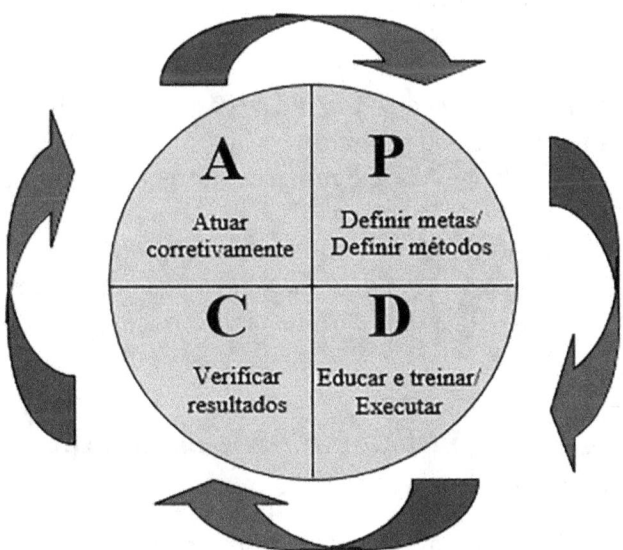

O PDCA de controle, como já vimos, tem as características de monitoramento, isto é, visa a obter a estabilidade nos processos, permitindo a otimização e a alteração de procedimentos-padrão, metas e itens de controle de forma a colocar o processo em melhores patamares em relação aos anteriores, ou simplesmente deixá-los estáveis quanto aos seus resultados. De posse dessas informações, podemos passar a executar o controle de um processo, o que por sua vez nos capacita a gerenciar toda uma unidade industrial.

Na realidade, "gerenciar" um processo é nada mais nada menos do que "controlar" esse processo. Difícil é saber o que controlar, que itens incluir no controle. Uma vez definidos esses itens, para controlá-los temos que ter a possibilidade de medi--los, avaliá-los.

Vamos nos ater às etapas que influenciam na satisfação do cliente, avaliando características importantes que determinam a qualidade do produto ou serviço e, principalmente, aqueles sobre os quais temos ações de controle, como, por exemplo, índices numéricos aplicados aos efeitos de cada processo para medir sua qualidade. Podemos então estabelecer os seguintes:

Q, de qualidade: Empregado para medir a qualidade própria do produto ou serviço.

C, de custo: Mede o quanto se gasta para realizar um determinado produto ou serviço.

E, de entrega: Mede o prazo de entrega, a garantia de entrega e o local certo da entrega.

M, de moral: Mede o moral dos colaboradores.

S, de segurança: Mede a segurança para empregados no trabalho do dia a dia, e do usuário no uso do produto ou serviço.

Modelo de método para determinação de itens de controle

Reúna a "prata da casa" com seus principais colaboradores e pergunte: "Quais são os nossos produtos/ serviços? O que fazemos aqui?" Tudo aquilo que for feito para atender às necessidades de alguém é um produto ou um serviço.

Definições

— Quem são os clientes (internos e externos) de cada produto?

— Quais são as necessidades de nossos clientes?

— Como poderemos medir a qualidade de cada um de nossos produtos?

— Nossos clientes estão satisfeitos? Qual o número de reclamações? Qual o índice de refugo?

Custo

— Qual a planilha de custo de cada produto? (Faça você mesmo, ainda que com números aproximados; não espere pelo departamento de custos nem tenha medo de errar).
— Qual é o custo unitário do produto?

Entrega

— Qual a percentagem de entrega fora do prazo para cada produto ou serviço?
— Qual a percentagem de entrega em locais errados?
— Qual a percentagem de entrega em quantidade errada?

Controle de moral

— Qual o *turnover* de nossa equipe?
— Qual o índice de faltas ao trabalho?
— Qual o número de causas trabalhistas?
— Qual o número de atendimentos no posto médico?
— Qual o número de sugestões?

Controle de segurança

— Qual o número de acidentes em nossa equipe?
— Qual o índice de gravidade?
— Qual o número de acidentes com nossos clientes devido ao uso de nosso produto?

Monte a "Tabela de itens de controle". Para analisar os resultados, sugiro a utilização do método Metaplan. No nosso exemplo da fábrica de móveis, examinaremos a produção de pés de cadeira.

Abaixo mostramos uma tabela obedecendo aos mesmos critérios, porém aplicados ao departamento de contabilidade.

Índice	Item de controle	Unid.	Por quem?	Como?	Onde?	Por quê?	Quando?
Q	Peças fora das especificações	%	Supervisor	Comparando com o projeto	Fábrica	Garantir a qualidade	Hoje
	Peças fora das medidas	N°	Supervisor	Paquímetro e trena	Na máquina	Garantir o padrão	Hoje
	Peças com espessura diferente	N°	Supervisor	Paquímetro	Após o perfilhamento	Obedecer ao projeto	Todo dia
C	Custo do m³ refugado	R$	Comprador	Por m³	Almoxarifado	Controlar o custo	Toda semana
E	Falta de matéria-prima	M³	Comprador	Informando	Setor de compras	Garantir a data de entrega	Hoje
	Dias atrasados de embarque	N°	Expedição	Pelos pedidos	Setor de cadeiras	Entrega no prazo	Hoje
M	Turnover	%	Depto. Pessoal	Número de trocas	Setor de cadeiras	Gerenciar o moral	Todo mês
	Faltas	%	Depto. Pessoal	Número de faltas	Setor de cadeiras	Gerenciar o moral	Todo mês
	Causas trabalhistas	%	Depto. Pessoal	Número de causas	Setor de cadeiras	Gerenciar o moral	Todo mês
S	Acidentes	N°	Enfermaria	Número de casos	Setor de cadeiras	Garantir segurança	Todo mês

Quadro 18- *Itens de controle do setor de pés de cadeiras*

Na rotina do consultor, após a elaboração de uma tabela você terá que apresentá-la ao gerente do departamento e a seus colaboradores, assim como aos clientes internos. Comece a discuti-la empregando o 5W1H, a fim de ouvir possíveis contrapropostas.

O passo seguinte consiste em definir os itens prioritários para os clientes internos. Em seguida, devemos definir quais deles devem ser discutidos pela equipe do departamento (no nosso caso, o de fabricação de cadeiras), para escolher os possíveis itens de controle. Os itens que não puderem ser implementados imediatamente devem ser arquivados para implementação posterior.

Definidos os principais itens de controle, convém criar um quadro para cada um nos moldes apresentados, para que todos os colaboradores possam conhecê-los e implementá-los.

Caminhos para a implementação do controle

As próximas etapas dependem da natureza da unidade ou processo, podendo ser administrativo ou de produção. Todos os caminhos passam pela padronização e pelo treinamento e terminam na supervisão, para que se observe os padrões definidos como a melhor forma de executar uma operação. O levantamento de um problema passa pelas seguintes ações: (1) coletar dados; (2) avaliar o processo; e (3) definir e comparar com a meta.

Coletar dados

A coleta de dados é feita de acordo com os itens de controle estabelecidos. Deve-se esclarecer a finalidade da coleta e coletar valores que reflitam os fatos e forneçam subsídios para a análise das variações ocorridas, se são normais ou anormais.

A coleta tem como objetivo o controle e acompanhamento do processo, a inspeção e as sugestões e reclamações dos clientes.

Índice	Item de controle	Unid.	Por quem?	Como?	Onde?	Por quê?
Q	Contas erradas	N°	Contador	Verificando lançamentos	Escritório	Garantir a exatidão dos dados
	Documentação errada	N°	Auxiliar	Verificando documentos	Escritório	Evitar lançamentos errados
C	Custo do material	R$	Contabilidade	Quantidade de material empregado	Escritório	Controlar o desperdício
E	Número de dias atrasado	N°	Direção	Pelo atraso	Contabilidade	Ter dados gerais do setor
M	Turnover	%	Depto. Pessoal	Trocas realizadas	Contabilidade	Gerenciar o moral
S	Número de acidentes ocorridos	N°	Enfermaria	Análise de casos	Contabilidade	Gerenciar o seguro

Quadro 19 - Itens de controle do departamento de contabilidade

Avaliar o processo

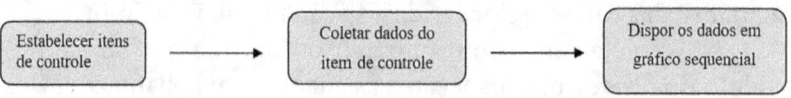

Figura 26 - Fluxograma para avaliação de um processo

Possibilidades de um gráfico sequencial
— Pontos consecutivos com tendência ascendente, descendente ou cíclica
— Pontos isolados da "nuvem" de pontos
— Variações bruscas da média de pontos

Variações normais ocorrem quando todas as causas do processo se mantêm estáveis.

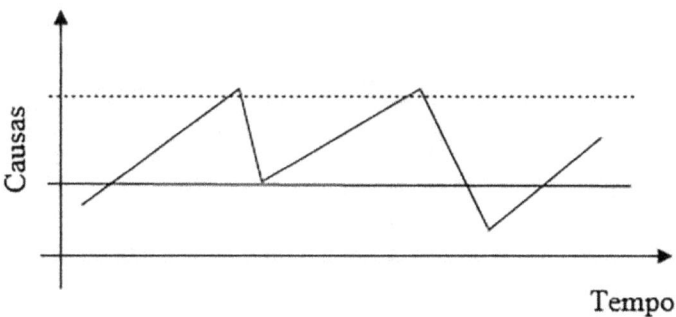

Diagrama 1 - Variações normais

Variações anormais ocorrem quando uma ou mais causas no processo se encontram instáveis.

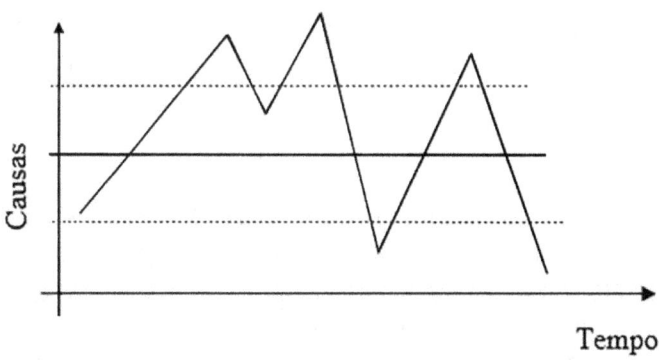

Diagrama 2 - Variações anormais

Histograma

Um histograma é um gráfico de distribuição de dados criado para mostrar centralização, dispersão e forma desses dados, fornecendo uma visualização organizada de grandes quantidades de dados que de outra forma seriam difíceis de entender, por exemplo, num quadro ou tabela. Num histograma, um quadro de variação normal apresenta o formato curva de sino

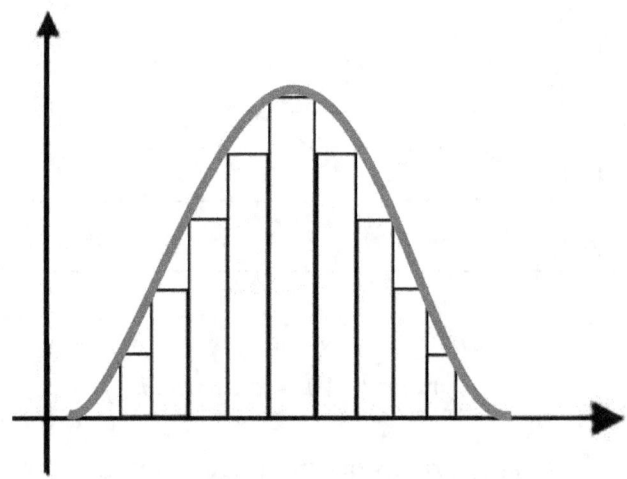

Diagrama 3 - Histograma normal

Caso um gráfico esteja anormal, é preciso identificar as causas que geraram essa anormalidade, para corrigi-la.

Definir e comparar com a meta

A definição das metas deve ser feita levando-se em conta: (1) as necessidades dos clientes; (2) o planejamento estratégico da empresa; (3) a análise dos dados do ano anterior; (3) a situação dos concorrentes; e (4) *benchmarking*. O não cumprimento de uma meta caracterizará um problema, que será então tratado como análise de falha.

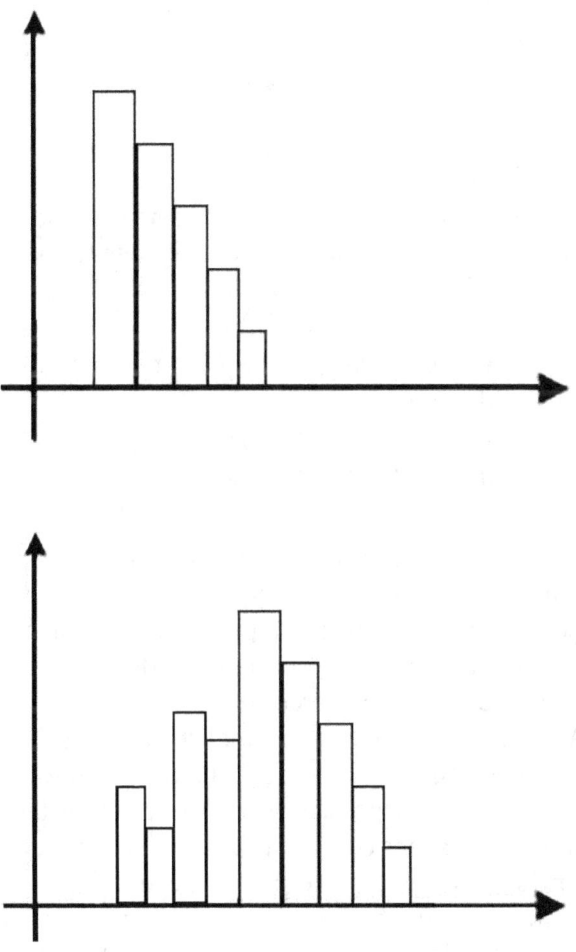

Diagrama 4 - Histogramas de instabilidade

Análise de falha

Se o problema detectado for ocasional e de simples solução, em geral será eliminado com pouco esforço e baixo custo.

O que é falha?
Falha é todo acontecimento diferente do usual, qualquer ocorrência não esperada. Pode ser um defeito num produto, um

erro num relatório, um ruído estranho num equipamento, uma reclamação de cliente etc. Qualquer desvio das condições normais é uma falha e exige uma ação corretiva.

Método de análise de falhas

Consiste em buscar rapidamente a causa da falha. Utiliza-se, para tanto, o diagrama de causa e efeito, bem como o Plano de Ação. Dessa forma, saberemos:

— Por que ocorreu a falha?
— Houve mudança no equipamento ou material?
— Alguém falhou?
— Houve troca de pessoal?
— Alguém foi mal treinado?

As seguintes questões devem ser levantadas:

Causa, o motivo do problema.

Consequência, o resultado perceptível do problema.

Solução, a eliminação ou redução do problema a níveis satisfatórios, a partir da eliminação de sua causa.

A aplicação do método de análise de falhas deve ser feita em equipe, com auxílio do supervisor ou gerente do setor. O responsável pela execução da tarefa deve relatar as falhas detectadas, para que as ações corretivas possam ser implementadas.

Antes de comentar a respeito da causa de um problema, é interessante analisar sua frequência, que pode ser relativa a determinado dia da semana, turno, horário etc., além dos sintomas apresentados e outros fatores, como método e processo. Convém fazer uma planilha de dados com os itens de serviços defeituosos, que facilite e agilize as anotações dos dados, permitindo distinguir itens triviais de itens vitais.

Detectado corretamente o problema, passamos ao Diagrama de Causa e Efeito, para identificar as causas responsáveis e descobrir os fatores que o influenciam. O passo final é elaborar um Plano de Ação para bloquear a causa da ocorrência.

Recomendo ainda realizar um treinamento para capacitar os envolvidos para garantir a solução do problema. Uma vez implementado o Plano de Ação e realizado o treinamento, é preciso coletar novamente os dados para certificar-se de que a ação gerou o resultado esperado. Havendo sucesso, devemos padronizar os procedimentos realizados. Caso contrário, deve-se retornar à etapa de planejamento e ordenar um novo plano de ação.

Finalizando este capítulo, passamos a apresentar um modelo de planilha que pode ajudar na análise e solução de problemas.

Nome da empresa Identificação do departamento Identificação do processo	Análise e solução Problema nº..... Definição da função ....

Descrição resumida da falha/ problema (identificação)
Tonalidade errada da frente da gaveta.

Consequência
Peças defeituosas, fora dos padrões exigidos pelo importador.

Detalhamento do problema (observação)
Verificou-se que a cor do tingidor está correta.

Descobrimento da causa (análise)
Reservatório da pistola de pintura continha resíduos de tonalidade diferente.
Não foi feita a limpeza adequada após a última utilização.
Falta de treinamento dos operadores.

Plano de Ação

O que fazer?	Por quê?	Quem vai fazer?	Onde?	Como?	Quando?
Treinar os operadores	Capacitá-los no trabalho	Empresa	No setor correspondente	Num curso por pessoa habilitada	Imediatamente

O problema foi solucionado? Sim (x) Não ( ) Parcialmente ( )
Por quê? Treinamento foi adequado.

Resultado esperado: limpeza feita corretamente, garantindo a tonalidade exigida.
Resultado obtido: frentes de gaveta com a tonalidade exigida pelo importador.

Avaliação do desenvolvimento da solução do problema

Pontos positivos	Pontos negativos

Quadro 20 - Planilha de Análise e Solução de Problemas

Como você deve ter percebido, controlar um processo que na maioria das vezes representa um departamento de uma empresa não é nada complicado seguindo essas instruções; basta controlar todos os processos que envolvem um produto para fazer seu controle de qualidade, e qualidade é o tema principal deste capítulo.

Nunca devemos nos esquecer de que, para atingir o gerenciamento adequado de uma empresa, devemos simultaneamente propugnar por seu desenvolvimento gerencial propriamente dito, complementado com o desenvolvimento tecnológico, para torná-la competitiva nesse mundo globalizado em que vivemos, atualizada com as inovações disponíveis no mercado.

Como consultor ou empreendedor, além de todos os conhecimentos **já** mencionados, **é recomendável que você** tenha formação específica numa área tecnológica, o que facilitará sobremaneira a sua atuação.

Para administrar com qualidade, ou oferecer um bom serviço de consultoria, é preciso antes de tudo ter capacidade de detectar os problemas (processo) para, em seguida, solucioná-los (consequência). Mesmo que não saibam tudo, empreendedor e consultor devem ter um *feeling* para, no momento exato, terceirizar alguma etapa do plano de ação com o qual não estejam perfeitamente familiarizados.

Capítulo 7
Administração financeira: dicas importantes

A administração mediante números aplica-se tanto ao desempenho da empresa quanto do indivíduo. Quando nos referimos à empresa, três demonstrativos financeiros são indispensáveis: o balanço, o demonstrativo de lucros e perdas e o fluxo de caixa. Não são, no entanto, a única fonte de números que o administrador utiliza; é preciso ainda desenvolver uma série de medidas e relatórios que o ajudam a administrar seu negócio. Dentre eles, cito demonstrativos de vendas e custos operacionais, margem de lucro/ perda, capital disponível etc.

O fluxo de caixa de uma empresa equivale à sua sobrevivência. Vendas e marketing têm preferência sobre finanças, mas empresas sem orçamento definido com certeza irão à falência.

Toda empresa tem fatores decisivos para o sucesso: hotéis, por exemplo, dependem do grau de ocupação de seus apartamentos; as indústrias dependem do equilíbrio entre pedidos, faturamento e entregas pendentes, enquanto para os comerciantes é importante a alta rotatividade dos produtos.

A crescente complexidade do processo administrativo leva o empreendedor a buscar novas ferramentas para superar os desafios cotidianos. A escassez de recursos financeiros e seu custo elevado, juntamente com a falta de planejamento e controle, têm contribuído para o fechamento de muitas empresas. Para evitar isso, o empreendedor precisa de informações contábeis precisas que o auxiliem em seu processo de decisão.

Não pretendo apresentar algo novo, mas evidenciar a existência de ferramentas eficazes na gestão empresarial, como, por exemplo, o planejamento e o controle financeiro, que quando implantados com seriedade na gestão de uma empresa contribuem para o acompanhamento das diretrizes e para o alcance das metas estabelecidas.

Planejamento e controle financeiro

Planejar é uma atividade crucial para o empreendedor moderno, pois somente através do planejamento constante pode-se gerenciar uma empresa com eficiência. Administrar uma empresa sem planejamento prévio pode até resultar apenas em imprevistos, mas também pode ocasionar o fim das atividades empresariais. O empreendedor pode incorrer em erros graves e colocar a empresa em grandes dificuldades, ou mesmo chegar à insolvência.

Um bom planejamento financeiro permite ao empreendedor acompanhar a evolução de seu empreendimento, analisar as as possibilidades de investimento, controlar suas dívidas e a liquidez de seu caixa, resultando em crescimento e qualidade de gestão.

Tal planejamento financeiro, além facilitar o acompanhamento das metas que resultem no objetivo desejado, tanto em curto como em longo prazo, cria mecanismos de controle para acompanhar todas as atividades, operacionais e não operacionais. Com uma visão clara e generalizada de seus problemas e vantagens, o empresário estará preparado para enfrentar e solucionar entraves no fluxo de negócios, obstáculos para conseguir crédito e financiamento e ineficiência dos controles de custo e investimento.

Uma boa administração financeira deve dispor das ferramentas necessárias para obter uma visão geral do funcionamento da empresa a qualquer momento. Isso possibilitará os melhores investimentos, o aproveitamento de oportunidades, a otimização do custo de matérias-primas e um plano eficaz de cargos e salários. O conhecimento do mercado e da disponibilidade financeira dos clientes em potencial também resultará na otimização dos recursos e resultados para a obtenção de um lucro maximizado e melhor retorno para os montantes investidos.

A seguir vamos examinar os itens de uma análise financeiras mais importantes.

Vendas líquidas

Receita de vendas é o que impulsiona uma empresa, e qualquer alteração nos padrões de receita requer atenção imediata, deve-se procurar as causas desse problema. A receita vem de unidades vendidas, que podem ser produtos fabricados, produtos comercializados ou horas de serviços prestados.

Margem bruta

Margem bruta é a medida mais importante da demonstração de resultados (vendas menos custo dos produtos vendidos). Declínios na margem bruta podem refletir vendas reduzidas, problemas de preço ou custo dos produtos ou serviços. O cuidado com a margem é crucial, pois de nada vale elevar o patamar de vendas através da redução dos preços. Observe cuidadosamente a seguinte equação:

$$\text{Variação na margem bruta}$$
$$=$$
$$\text{Variações em unidades vendidas,}$$
nos preços e/ ou no custo dos bens vendidos.

Custos operacionais

Custos operacionais são normalmente fixos, não mudam com o nível de vendas. Caso haja alteração no valor, examine se houve aumento de salários ou aumento do número de colaboradores.

Capital disponível

Muitas vezes verificamos que temos capital de giro, porém atrelado a contas a receber, estoques ou ambos. Dinheiro em caixa é o oxigênio da empresa. O fluxo de caixa, que veremos um pouco adiante, permite controlar o seu negócio.

Lucros ou perdas

É o último item analisado. Para obtê-lo, basta subtrair os custos operacionais da margem bruta, e pelo resultado se pode ver se houve lucro ou prejuízo. Você pode melhorar os lucros se aumentar a margem bruta ou diminuir as despesas. Existe também a possibilidade de contabilizar vendas antes que elas ocorram, ou até mesmo deixar de efetuar o pagamento de um imposto. O lucro ou o prejuízo nesses casos é apenas informativo, um indicador de desempenho gerencial.

Rentabilidade é o resultado de agir com precisão. A melhor medida da rentabilidade é o lucro ou perda antes dos impostos. Mantenha a rentabilidade e um fluxo de caixa positivo.

A demonstração financeira, porém, é apenas um dado no dia a dia administrativo; realmente importante é conhecer a fundo o seu negócio, para poder comparar esses números.

Objetivos e metas

Os objetivos e metas são o referencial do planejamento estratégico, aquilo que a empresa busca atingir, suas intenções, sua missão. Devem ser frequentemente medidos, comparados e avaliados. Metas são as ações necessárias para se atingir um objetivo, e devem ser específicas, mensuráveis, atingíveis, relevantes e temporais. Em outras palavras, podemos dizer que os objetivos são os resultados mais amplos que a empresa busca alcançar, enquanto as metas são as etapas a percorrer para alcançá-los.

Definição de estratégias

Os objetivos e metas indicam o que a empresa deseja

atingir, e há várias possíveis estratégias para alcançá-los. Uma delas, por exemplo, visa a manter os atuais clientes; outra consiste em melhorar a imagem da empresa, a qualidade dos produtos, o desempenho dos serviços prestados etc. Outros exemplos: oferecer mais opções para novos clientes em novos canais de venda, entrar em novos mercados, mudar a política de preços etc.

Poderíamos ainda adotar uma nova estratégia de desenvolvimento e aumentar o número de produtos ou sua variedade, desenvolver novas utilidades para os produtos e assim por diante.

Balanço patrimonial

O balanço patrimonial reflete a posição financeira em determinado momento da empresa, mostrando o ativo, o passivo e o patrimônio líquido. O ativo corresponde a todos os bens e direitos de uma empresa. O passivo são as obrigações, como, por exemplo, a parcela de financiamento obtido de terceiros. O patrimônio líquido corresponde aos recursos dos proprietários aplicados na empresa. O valor do patrimônio se altera quando a empresa tem lucro ou prejuízo no período, ou ainda quando ocorre investimento por parte dos sócios.

O ativo da empresa representa as aplicações de recursos, que se dividem em circulantes, e não circulantes. O passivo e o patrimônio líquido representam as origens de recursos. Portanto, o balanço patrimonial, ou o equilíbrio entre origens e aplicações, é representado pelas seguintes equações:

$$\text{Ativo} = \text{Passivo} + \text{Patrimônio líquido}$$
$$\text{ou}$$
$$\text{Ativo} - \text{Passivo} = \text{Patrimônio líquido}$$

A organização das contas do ativo segue os critérios de liquidez: as contas são classificadas segundo seu grau de liquidez e prazo.

Ativo	Passivo
Ativo Circulante são contas que estão constantemente em giro, que se realizam em caixa a longo prazo.	**Passivo Circulante** são obrigações exigíveis que serão liquidadas no próprio exercício social.
Ativo Realizável a longo prazo são bens e direitos que se transformarão em dinheiro no próximo exercício.	**Passivo Exigível** a longo prazo são obrigações liquidadas com prazo superior a um ano.
Ativo Permanente são bens e direitos que não se destinam à venda e têm vida útil. Os bens têm vida longa.	**Patrimônio líquido** são os recursos dos proprietários aplicados na empresa.

Quadro 21 - Balanço patrimonial

Agora um exemplo do demonstrativo de balanço de uma empresa comercial fictícia.

Ativo	Passivo
Circulante Caixa 8.000,00 Contas a receber 6.000,00 Estoques 6.000,00 Total de circulante 20.000,00	**Circulante** Contas a pagar 8.000,00 Impostos a recolher 5.000,00 Outras dívidas 2.000,00 Total do circulante 15.000,00
Realizável em longo prazo Títulos a receber 20.000,00	**Exigível em longo prazo** Financiamentos 30.000,00
Permanente Investimentos 15.000,00 Imobilizado 35.000,00 Lucros acumulados 10.000,00 **Total 50.000,00**	**Patrimônio Líquido** Capital investido 35.000,00 Lucros acumulados 10.000,00 Total do patrimônio 45.000,00
Total 90.000,00	**Total 90.000,00**

Quadro 22 - Balanço patrimonial 31 de dezembro

O balanço nos mostra, por meio do passivo, a estrutura de capital de uma empresa, composta por capital próprio e capital de terceiros. Quanto maior for o capital de terceiros, maior é o endividamento, que pode ser de curto[1] ou longo prazo. Dívidas de longo prazo refletem uma melhor condução do negócio.

Pelo balanço, verificamos também o montante de capital

1 Em contabilidade, curto prazo significa o período de até um ano.

de giro ou circulante, que é obtido subtraindo-se o passivo circulante do ativo circulante. Quanto maior for o ativo circulante, maior será a flexibilidade da empresa.

Por outro lado, o ativo permanente é empregado pela empresa em suas operações produtivas: é o investimento que mantém o nível de modernização do parque produtivo.

Vamos agora explicar o formato e os itens que devem constar de um balanço mais completo. Mesmo o exemplo sendo genérico, você poderá entendê-lo.

Fluxo de caixa

O fluxo de caixa é um instrumento de planejamento e controle financeiro, que fornece ao empreendedor ou consultor as condições necessárias para a tomada de decisões.

O fluxo de caixa possibilita ao empreendedor ou consultor programar e acompanhar as entradas (recebimentos) e as saídas (pagamentos) de recursos financeiros, de forma que a empresa possa operar de acordo com os objetivos e as metas determinadas, em curto e longo prazo. Em curto prazo, para gerenciar o capital de giro, e em longo prazo, para fins de investimentos.

Gerenciamento do fluxo de caixa

O fluxo de caixa é uma ferramenta de controle e análise dos saldos disponíveis da empresa em diferentes momentos. É o produto final da integração das "contas a receber" confrontadas com as "contas a pagar".

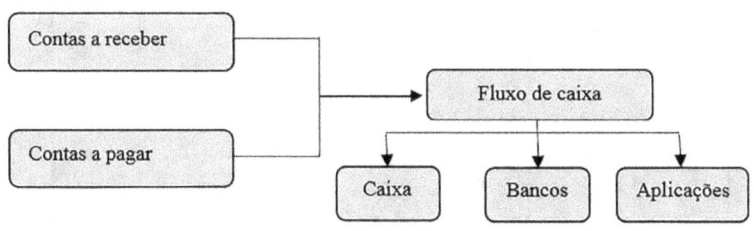

Figura 27 - O fluxo de caixa

Ativo	Passivo
Caixa R$ 18.500,00 Contas a receber R$ 43.000,00 Estoques R$ 40.000,00 Despesas diferidas R$ 12.000,00 Outros R$ 11.000,00 **Total Ativo Circulante R$ 124.50000**	Contas a pagar R$ 25.000,00 Dívida a longo prazo R$ 15.400,00 Dívidas a pagar R$ 12.000,00 Despesas incorridas R$ 12.400,00 Imposto de renda a pagar R$ 0 Outros passivos circulantes R$ 11.200,00 **Total Passivo Circulante R$ 76.000,00**
Instalações R$ 12.500,00 Veículos R$ 14.000,00 Equipamentos R$ 28.000,00 Benfeitorias em propriedades arrendadas R$ 20.000,00 Edifícios R$ 0 Terrenos R$ 0 Depreciação acumulada (R$ 22.000,00) Intangíveis R$ 0 Outros ativos fixos R$ 0 **Total Ativo Fixo R$ 52.500,00**	Dívidas a pagar (longo prazo) R$ 0 Empréstimos bancários a pagar R$ 18.000,00 Impostos deferidos R$ 0 Outros impostos a pagar R$ 22.000,00 Outros passivos de longo prazo R$ 0 **Total Passivo De Longo Prazo R$ 30.000,00**
	Total Passivo R$ 106.000,00
	Patrimônio Líquido Lucros retidos R$ 35.000,00 Capital investido R$ 36.000,00 Outros R$ 0 **Total Patrimônio Líquido R$ 71.000,00**
Total Ativo R$ 177.000,00	**Total Passivo e Patrimônio Líquido R$ 177.000,00**

Quadro 23 - Exemplo de balanço

O fluxo de caixa mostra com fidelidade a situação financeira da empresa, sendo atualizado diariamente e permitindo ao empreendedor o acompanhamento eficaz das entradas e saídas de recursos. No fluxo de caixa pode-se ver o passado e o futuro, o que permite projetar os passos seguintes, se precaver contra uma esperada escassez de recursos ou planejar o investimento do excesso.

Junto a outras demonstrações contábeis, o fluxo de caixa configura uma ferramenta eficiente para auxiliar o empreendedor na tomada de decisões relativas a gastos e aplicações.

Fluxo de caixa realizado

O fluxo de caixa realizado mostra o comportamento de entradas e saídas financeiras de uma empresa em determinado período de suas operações, permitindo um planejamento eficaz através da análise das tendências demonstradas. Também serve de base para o planejamento do fluxo projetado.

Comparado ao fluxo projetado, permite identificar variações e analisar as causas para que ocorram, otimizando o planejamento e tornando a gestão mais segura.

Fluxo de caixa projetado

O fluxo de caixa projetado, baseado na análise do fluxo realizado, permite extrapolar o fluxo futuro de entradas e saídas em determinado período, podendo ser projetado em curto ou em longo prazo. Em curto prazo, identificamos os excessos de caixa ou a escassez de recursos dentro do período, possibilitando a criação de uma política financeira favorável ao desenvolvimento da empresa. Em longo prazo, além de identificar os possíveis excessos ou escassez de recursos, permite:

— Verificar a capacidade de geração de recursos necessários para custear as operações;

— Determinar o capital de giro disponível no período analisado;

— Determinar o grau de eficiência financeira;

— Determinar o grau de independência de capitais externos.

Fluxo de Caixa
Das atividades operacionais
(+) Recebimentos de Clientes e outros
(-) Pagamentos a Fornecedores
(-) Pagamentos a Funcionários
(-) Recolhimentos ao Governo
(-) Pagamentos a Credores Diversos
(=) Disponibilidades geradas pelas (aplicadas nas) Atividades Operacionais
Das atividades de investimentos
(+) Recebimento de Venda de Imobilizado
(-) Aquisição de Ativo Permanente
(+) Recebimento de Dividendos
(=) Disponibilidades geradas pelas (aplicadas nas) Atividades de Investimentos
Das atividades de financiamentos
(+) Novos Empréstimos
(-) Amortização de Empréstimos
(+) Emissão de Debêntures
(+) Integralização de Capital
(-) Pagamento de Dividendos
(=) Disponibilidades geradas pelas (aplicadas nas) Atividades de Financiamento
Aumento/ diminuição nas disponibilidades
Disponibilidades - no início do período
Disponibilidades - no final do período

Quadro 24 - Fluxo de caixa, método direto

A demonstração pelo método direto facilita a avaliação de solvência da empresa, mostrando com clareza a movimentação dos recursos, suas origens e onde foram aplicados.

Já no método indireto os recursos provenientes das atividades operacionais são demonstrados com base no lucro líquido, ajustado pelos itens considerados nas contas de resultado que não afetam o caixa da empresa.

Os modelos apresentados seguem a estrutura tradicional da demonstração do fluxo de caixa, que tem como objetivo principal mostrar apenas as entradas e saídas de recursos financeiros.

Origens		
Das operações Prejuízo do exercício + Depreciação do exercício	(500) 600	 100
Dos Acionistas Aumento de capital De terceiros Financiamento de longo prazo		150 160
Total das origens		**410**
Aplicações		
Dividendos Aquisição de imobilizado		200 345
Total das aplicações		**545**
Redução do capital circulante líquido		**135**

Quadro 25 - Fluxo de caixa, método indireto

Demonstração dos fluxos de caixa realizados por atividades

Numa visão mais moderna e buscando aumentar a eficiência desta ferramenta, tem-se procurado adotar o modelo do FASB (*Financial Accounting Standards Board*), que classifica as atividades em três categorias:

1. Atividades operacionais

Atividades decorrentes da operação da empresa, tais como: recebimentos pela venda de produtos e serviços; pagamento de fornecedores; despesas operacionais; salários; encargos sociais e outros recebimentos e pagamentos não classificados como atividades de investimentos ou de financiamentos.

2. Atividades de investimentos

Concessão e recebimento de empréstimos, compra e resgate de títulos financeiros, aquisição e venda de participações em outras sociedades, compra e venda de ativos utilizados na produção de bens e serviços ligados ao objetivo social da entidade. Não incluem as aquisições de ativos com o objetivo de revenda.

3. Atividades de financiamentos

Captação de recursos dos proprietários ou acionistas;

devolução dos recursos e os rendimentos desses recursos em forma de dividendos, ou não; captação de empréstimos de terceiros, sua amortização e remuneração; e a obtenção e amortização de outros recursos classificados em longo prazo.

A movimentação dos recursos financeiros apresentados na demonstração dos fluxos de caixa não inclui somente os saldos em caixa e depósitos bancários, considerando também as contas que possuem as mesmas características de liquidez e disponibilidade imediata.

Método de apresentação

O fluxo de caixa referente às transações originadas de atividades operacionais ou em atividades de investimento ou financiamento poderá ser apresentado tanto pelo método direto como pelo indireto.

A apresentação pelo método direto deve refletir o montante bruto dos componentes principais dos recebimentos e dos pagamentos por caixa, tais como:

Recebimentos	Pagamentos
Recebimento de clientes, aluguéis e outros similares Recebimento de juros e dividendos Quaisquer outros recebimentos por caixa	Pagamento a empregados e fornecedores, incluindo os de serviços, como seguros, publicidade e outros Pagamento de juros, impostos e outros similares Quaisquer outros pagamentos por caixa

Quadro 26 – Pagamentos e recebimentos

Independentemente do método escolhido para demonstrar o fluxo de caixa líquido decorrente de suas atividades operacionais, deve-se fazer a conciliação do lucro líquido com o fluxo de caixa líquido. Essa conciliação proporciona informações sobre o efeito líquido das transações operacionais e de outros eventos que afetam o lucro líquido e o fluxo de caixa líquido das atividades operacionais em diferentes períodos.

É oportuno lembrar que os modelos especificados são

ferramentas de apoio para o empresário, construídas com base nas informações do fluxo de caixa, informando a situação e a capacidade de geração de caixa da empresa em determinado período.

Percebe-se a importância do fluxo de caixa na gestão financeira quando uma empresa elabora o fluxo de caixa para cada linha de produto, procurando obter informações cada vez mais detalhadas de seu processo administrativo diário para otimizar a capacidade de decisões.

A empresa que mantém seu fluxo de caixa atualizado poderá dimensionar a qualquer momento o volume de entradas e saídas de recursos financeiros, por meio de mudanças nos prazos de recebimentos e pagamentos, bem como fixar o nível desejado de disponibilidade para o próximo período.

CAPÍTULO 8
CUSTOS E FORMAÇÃO DE PREÇO DE VENDA

Acredito que você provavelmente já se deparou com problemas relacionados a custos, ou ainda terá que enfrentá-los. Um bom sistema de custos é que mais se adequa à sua empresa, e existe uma ampla escolha de sistemas e metodologias de trabalho, entre eles: SCAR (Sistema de Custeio por Absorção Real); SCD (Sistema de Custeio Direto); ABC (Activity Based Costing, ou Custeio Baseado nas Atividades); e TOC (Theory of Constrains, ou Teoria das Restrições), que na verdade não é bem um sistema de custos, mas está inserido numa metodologia de administração dos gargalos de produção. Em cada sistema temos ainda uma ampla gama de variações das metodologias, com diversas interpretações, e uma avaliação criteriosa é necessária antes de se adotar um deles.

Converse com seus colegas e com pessoas de sua confiança para colher algumas informações vivenciais que possam contribuir para a escolha do melhor sistema. Não tenha pressa; caso necessário, faça ensaios e testes com o maior número possível de metodologias e sistemas. O que importa é que o sistema seja de fácil entendimento e permita calcular os custos com eficiência. Também é importante consultar a legislação tributária. No Brasil, apenas um sistema de custeamento de produtos é permitido para fins de Contabilidade de Custos, o SCAR, Sistema de Custeio por Absorção Real. O assunto é tratado pelo Decreto Lei 1.598/77, artigos 13 e 14, Parecer Normativo CST 6/79, condensado no Decreto 3.000/99, de 23/03/99, artigos 290 e 292.

No entanto, na rotina empresarial podemos adotar qualquer sistema de nossa preferência, desde que na hora de fazer a contabilidade de custos se use o SCAR. É importante integrar os sistemas gerencial e contábil. Em qualquer alternativa decisória, a contabilidade deve estar no mínimo preparada para receber lançamentos pelo método SCAR, obrigatório por lei. Caso outro sistema seja sugerido e adotado pelo consultor, este deverá estabelecer um critério de rateio por equiparação, no qual os custos obtidos pela contabilidade serão rateados em função dos custos obtidos na produção pelo sistema gerencial escolhido.

Lembramos que essa integração é uma decisão de cada empresa, e deve ser assistida por um contador, para que esteja de acordo com a legislação e os princípios de contabilidade. Outra dica importante é oferecer um treinamento para a fixação dos conceitos de custos gerenciais e custos contábeis. O treinamento é a chave para o bom funcionamento de qualquer sistema.

Existem sistemas que apropriam apenas os custos diretos ao produto; outros colocam os indiretos, usando uma taxa de rateio. Alguns rateiam os valores por centros de custos, outros por atividades. Vamos tomar como exemplo um sistema bem simples, no qual a empresa tem apenas algumas poucas dezenas de produtos. Montados os custos, a empresa faz, na verdade, uma previsão de custos, ou estabelece um Custo Padrão, que vai servir também para a formação de preços.

Para essa hipótese, a empresa deve ser bem pequena e usar o método de inventário periódico. A única ferramenta de controle de produção é a contagem do que foi produzido no mês. Mesmo assim, juntando-se as quantidades produzidas no mês e valorizando-se a produção com seu custo padrão, o valor dos estoques pode ser atribuído. As informações são divididas em quatro grandes grupos: matéria-prima, mão de obra, terceiros e custos indiretos de fabricação. Desta forma, a empresa obterá o custo global do período nesses grupos de contas. Basta então multiplicar o valor estimado pelas quantidades, separando por grupo os valores estimados. Estabelecendo uma comparação com os relatórios contábeis, teremos como avaliar se a empresa está ganhando ou perdendo dinheiro com seus produtos.

Resumindo, o estoque da empresa será avaliado pela proporção entre o custo estimado individualmente e o montante real gasto globalmente. Esse controle é crucial para a dinâmica empresarial, pois é o ponto de partida de uma cadeia que multiplica os lucros ou prejuízos em uma empresa.

É comum, especialmente na micro e pequena empresa, estabelecer-se o preço de venda de um produto com base unicamente no preço do concorrente, sem antes verificar se esses valores são compatíveis com sua própria linha produtiva. Somente algum tempo depois se percebe que algo está errado, já que o fluxo de caixa não reflete os esperados resultados satisfatórios.

Convém salientar que um sistema de custos não é apenas um cálculo matemático, mas acima de tudo uma ferramenta que permite o controle de dados e informações vitais, capaz de permitir até mesmo a redução dos custos de um produto para mantê-lo competitivo.

Segue-se o exemplo de um sistema de custos e a formação do preço de venda para um produto elaborado numa indústria. Escolhemos o ramo industrial porque na sua composição entram mais elementos, o que facilita sua comparação com produtos vendidos numa empresa comercial ou de prestação de serviços.

Custo de um produto ou serviço

É todo o gasto envolvido para produzi-lo ou comercializá-lo. Os custos se classificam em:

Fixos: que não variam, independente da quantidade produzida ou vendida (salários, encargos, aluguel, energia etc.).

Variáveis: que variam proporcionalmente a qualquer mudança na quantidade de produtos produzidos ou vendidos e serviços realizados (matéria-prima, ICMS, comissões etc.).

Diretos: que estão diretamente ligados à produção, e facilmente identificados com o produto, por exemplo, matéria-prima, mão de obra etc.

Indiretos: que não se relacionam diretamente com o produto, por exemplo, combustível, despesas financeiras etc.

Requisitos fundamentais para implantação de um sistema de custos

Ter um sistema interno de informação que forneça os dados necessários para uma análise e formação do preço de venda. O cálculo de custos é dinâmico, por isso deve ser exercido continuamente.

Deve-se determinar:

— A quantidade de matéria-prima empregada para produzir uma peça ou um lote de cada produto;

— As eventuais perdas ocorridas no processo de produção, como por exemplo, as sobras no recorte de um móvel em uma chapa de aglomerado; o custo dessas devem ser somados ao cálculo de matéria-prima utilizada, podendo ser calculado em m^2 ou m^3;

— O número de horas de mão de obra direta empregada para se produzir uma peça (unidade) ou um lote de cada produto;

— Os custos indiretos da produção, como energia, despesas administrativas e financeiras etc.

O resultado será apresentado numa planilha de custos para cada produto. Vamos analisar dois exemplos distintos, uma fábrica de cadeiras e uma empresa de confecção de camisas.

Análise de custo e formação de preço de uma fábrica de cadeiras

Cálculo do custo da matéria-prima (CMP) numa fábrica de cadeiras

Do preço da matéria-prima deve ser deduzida a alíquota de ICMS correspondente, acrescentando-se as despesas de frete e embalagem, caso existam. Nesse exemplo não existem despesas de embalagem. O custo da matéria-prima compreende o efetivamente usado nas cadeiras mais as perdas na usinagem e refugo.

Item matéria-prima	Preço NF (P)	ICMS (I)		Frete (F)	
		%	Valor	%	Valor
Madeira	R$ 9000,00	17	R$ 1.500,00	3	R$ 270,00
Cola	R$ 600,00	12	R$ 71,00	3	R$ 18,00
Tingidor/ selador	R$ 200,00	12	R$ 24,00	4	R$ 8,00
Verniz	R$ 400,00	12	R$ 48,00	4	R$ 16,00
Lixa	R$ 150,00	17	R$ 22,50	3	R$ 4,50
Total	**R$ 10.250,00**		R$ 1.665,50		R$ 316,50
Total líquido (P + F – I)	R$ 8.901,00 (custo unit R$ 22,25 por cadeira)				

Quadro 27 - Análise de custo para 400 cadeiras

Cálculo das despesas mensais para fabricar 400 cadeiras
Para calcular as despesas mensais, englobamos as despesas de mão de obra direta envolvida na produção das cadeiras e as demais despesas da empresa; se em outro exemplo a empresa produzisse outros produtos, deveria ser feito um rateio das despesas para se obter o custeio das horas consumidas para se produzir apenas cadeiras. Para uma produção total de 400 cadeiras/ mês, com a seguinte composição de despesa mensal:

Folha de pagamento do pessoal da área produtiva	R$ 5.000,00
Encargos sociais 80% no nosso exemplo	R$ 4.000,00
Pessoal administrativo e pró-labore	R$ 2.000,00
Encargos sociais item acima 70%	R$ 1.400,00
Aluguel	R$ 2.500,00
Energia, água e telefone	R$ 1.500,00
Propaganda	1.500,00
Veículo	2.000,00
Depreciação	R$ 1.500,00
Diversos (discriminados abaixo)	R$ 5.000,00
Total	**R$ 26.400,00**
Total unitário (por cadeira)	**R$ 66,00**

Quadro 28 - Análise de despesas para a produção de 400 cadeiras

Itens de despesa que devem estar incluídos em diversos
— Impostos municipais
— Despesas de viagem
— Seguros
— Material de escritório
— Combustível
— Material de limpeza
— Despesas postais
— Assinatura de jornais e revistas
— Despesas de viagem
— Manutenção do empreendimento
— Serviços de terceiros

Como a nossa empresa produz um único produto, fica fácil obter-se o custo da cadeira. Dividindo-se o total das despesas mensais pela quantidade de produtos fabricados por mês, obtém-se o custo de produção da cadeira. Basta então somar o custo da matéria-prima utilizada em cada peça e teremos o custo de cada cadeira.

Custo unitário de fabricação da cadeira = R$ 66,00 + R$ 22,25 = R$ 88,25

Continuando o nosso raciocínio, calcularemos o nosso custo/ hora:
— Horas disponíveis: 20 dias/ mês x 8,8 horas/ dia = 176 horas/mês
— Horas improdutivas (previsão): 16 horas/ mês
— Horas efetivamente trabalhadas: 141 horas/ mês

Número de empregados x horas efetivamente trabalhadas = Total de horas produtivas
10 x 141= 1410 horas/ mês

Logo, nosso custo/ hora é igual às despesas mensais divididas pelas horas efetivamente trabalhadas: R$ 26.400,00 divididos por 1410 = R$ 18,72.

Como o nosso tempo de produção para fabricar uma cadeira é igual ao número total de horas produtivas dividido pelo número de peças produzidas, teremos:

Tempo de produção = 1410 : 400 = 3,52 horas/ homem/ peça.

Poderíamos chegar a esse resultado cronometrando o tempo empregado em cada uma das operações na produção da cadeira. Para tanto, faríamos um lote mínimo, marcando numa planilha o número de empregados envolvidos em cada operação, bem como o tempo de duração dela. Imaginemos, para tanto, um lote de 10 cadeiras com as operações elencadas abaixo.

Operação	Nº de empregados	Tempo gasto
Cortar	1	100 minutos
Usinar	2	600 minutos
Entalhar	3	1800 minutos
Lixar	1	400 minutos
Montar	1	100 minutos
Pintar	1	400 minutos
Embalar	1	100 minutos

Quadro 29a - Empregados x tempo por operação

Analisando o quadro, verificamos que duas operações são realizadas por mais de um empregado: usinar e entalhar. Antes de somar os tempos empregados nas diversas operações, portanto, temos que multiplicar o tempo de usinar por dois e o tempo de entalhar por três, a fim de que tenhamos todos os tempos referentes a 10 colaboradores. Dividindo os tempos encontrados por dez, teremos o tempo que um colaborador necessita para fazer cada operação de uma cadeira. Assim, nosso quadro passa a ter a seguinte configuração:

Operação	Nº de empregados	Tempo gasto
Cortar	1	10 minutos
Usinar	1	30 minutos
Entalhar	1	60 minutos
Lixar	1	40 minutos
Montar	1	10 minutos
Pintar	1	40 minutos
Embalar	1	10 minutos
Tempo gasto para produzir uma cadeira		**3 horas e 20 minutos**

Quadro 29b - Empregados x tempo por operação

Comparando os dois métodos, verificamos que os tempos são relativamente semelhantes.

Custo de fabricação = Tempo de produção x Custo hora.

Custo de fabricação por cadeira = R$ 3,52 x R$ 18,72 = R$ 65,89

Custo de fabricação das 400 cadeiras = R$ 65,89 x R$ 400 = R$ 26.356,00

Custo total de produção = Custo da matéria-prima + Custo de fabricação

Custo total de produção = R$ 8.901,00 + R$ 26.356,00 = R$ 35.257,00

Portanto, o custo unitário do produto será igual ao custo total de produção dividido pelo número de cadeiras.

Custo unitário do produto = R$ 35.257,00 : 400 = R$ 88,14

O que está de acordo com o cálculo anterior, pelo custo unitário do produto.

Formação do preço de venda

Com esses dados estamos em condições de proceder ao cálculo do preço de venda do nosso produto, "cadeira". Precisamos inicialmente determinar as despesas de comercialização, que incidem diretamente sobre o preço de venda.

ICMS	17%
PIS	0,65%
COFINS	2,00%
Comissão	10% adotado no nosso exemplo
Margem de lucro	20% idem
Percentual total	**49,65%**

Quadro 30 - Despesas de comercialização

Se 100% corresponde ao preço de venda, então teremos 100 – 49,65 = 50,35%.

Dividindo-se essa percentagem por 100, teremos:

Margem de contribuição 50,35 : 100= 0,5035

Preço de venda = Custo de produção/ Margem de contribuição

R$ 88,14 : 0,5035 = 175,00

Sempre que efetuarmos esse cálculo, é recomendado verificar se a somatória do custo de produção com todas as despesas, acrescido da margem de lucro, é equivalente ao respectivo preço de venda. É nossa "prova do cálculo". No nosso exemplo, teremos:

Preço de venda	100%	R$ 175,00
Custo de produção	50,35%	R$ 88,11
ICMS	17,00%	R$ 29,75
PIS	0,65%	R$ 1,13
COFINS	2,00%	R$ 3,50
Comissão	10,00%	R$ 17,50
Margem de lucro	20,0%	R$ 35,00

Quadro 31 - Prova de cálculo

Pode haver uma pequena diferença, que corresponde à nossa aproximação que é de centésimos.

Temos então bem definidos os seguintes valores por unidade produzida: preço de venda (R$ 175,00); custo de produção (R$ 88,11); custo de comercialização (R$ 51,88); e lucro (R$ 35,00).

Uma vez determinado o preço de venda de um produto, devemos observar o preço de venda do concorrente e analisar nossas perspectivas de comercialização. Caso nosso preço esteja compatível, devemos introduzi-lo no mercado por meio de marketing apropriado.

Caso não esteja compatível com o mercado consumidor, devemos verificar se o custo de nossa matéria-prima não está com valores inadequados, procurar um fornecedor com a melhor oferta. Por outro lado, devemos verificar se a velocidade de nossa produção não poderia ser otimizada, o que geraria um número maior de peças mensais, reduzindo, assim, nosso custo de fabricação.

Muitas vezes o nosso equipamento pode estar ultrapassado, exigindo a aquisição de máquinas mais modernas, capazes de realizar duas ou mais operações simultaneamente, gerando, por consequência, uma velocidade produtiva superior.

Rentabilidade do nosso negócio

É também importante verificar se a receita mensal, à qual corresponde o nosso faturamento, permite retorno financeiro suficiente para contrabalançar a despesa. Caso isso não ocorra, será oportuno calcular o nosso *ponto de equilíbrio*, que nos informará a necessária quantidade de cadeiras vendidas/mês para equilibrar o orçamento.

Ponto de equilíbrio

Ponto de equilíbrio é o valor mínimo de vendas para que a empresa não tenha prejuízo, o que significa: receita igual à despesa. O ponto de equilíbrio é muito importante, pois permite definir o faturamento mínimo, que possibilita cobrir as despesas e, acima desse patamar, obter o lucro. No nosso caso, devemos inicialmente calcular os nossos custos fixos, os custos variáveis e vendas totais.

Analisando as despesas mensais, poderemos deduzir quais delas se enquadram em custos variáveis — energia, água, telefone, propaganda, veículo e uma parte do item diversos. Somando todos esses itens, teremos:

Energia, água e telefone	R$ 1.500,00
Propaganda (pode ser considerado fixo ou variável)	R$ 1.500,00
Veículo	R$ 2.000,00
Diversos	R$ 2.000,00
Custo da matéria-prima	R$ 8.901,00
Total dos custos variáveis	**R$ 15.901,00**
Despesas mensais	R$ 26.400,00
Custos fixos (despesas mensais – custos variáveis)	**R$10.499,00**

Quadro 32 – Despesas e custos

Considerando as vendas totais relativas a 400 cadeiras/mês (**RS 175 x 400 = R$ 70.000,00**) obteremos o ponto de equilíbrio pela seguinte fórmula:

Passo 1: Definir a margem de contribuição: subtrair da receita total (RT) os custos variáveis – R$ 70.000.00 – R$15.901,00 = R$54.099,00

Passo 2: Calcular o índice da margem de contribuição: dividir o valor obtido na margem de contribuição pela receita total - R$54.099,00 : R$70.000,00 = 0,77

Passo 3: Calcular o ponto de equilíbrio: dividir os custos fixos pelo índice da margem de contribuição – R$10.499,00 : 0,77 = **R$ 13.635,06**

Portanto, na nossa fábrica, devemos vender 78 cadeiras (R$ 13.635,06 : R$ 175) para atingir o equilíbrio entre receita e despesa. Como a nossa produção é de 400 cadeiras, teremos lucro. Quando a empresa produz mais de um produto, haverá um controle específico para cada linha de produção, com a criação de um "mix de produção", que poderá eventualmente reduzir o ponto de equilíbrio, permitindo que a empresa cubra suas despesas com um faturamento menor.

Na nossa fábrica teríamos duas opções bem claras para ampliar a linha de produtos: a primeira seria incluir a fabricação de mesas, já que a maioria de máquinas que a empresa possui se presta para essa linha de produção. É claro que deverá ser feita uma análise criteriosa para verificar a rentabilidade nessa hipótese.

Uma segunda oportunidade seria a terceirização. Se, por exemplo, nossa empresa seca a madeira que utiliza na fabricação das cadeiras, poderia ampliar o volume de madeira seca e vender o excesso a terceiros.

Análise de custo e formação de preço de uma fábrica de camisas

A fábrica analisada apresenta as seguintes condições no início das suas atividades:

Quadro de Funcionários: 1 secretária, 1 gerente, 1 auxiliar de escritório, 7 funcionários na produção, 1 vendedor.

Item	Quantidade	Em reais
Veículo Utilitário	1,0	6.000,00
Linha Telefônica	1,0	1.100,00
Computador Com *Softwares*	1,0	2.200,00
Móveis De Escritório	-	990,00
Máquina De Costura	4,0	4.800,00
Fax	1,0	350,00
Materiais Diversos	-	280,00
Total		**15.720,00**

Quadro 33 – Investimento inicial (set. 2004)

O regime de trabalho é de 7,33 horas/ dia e 26 dias/ mês (meio-expediente aos sábados,).

Conforme levantamento feito pelo gerente, existe uma ociosidade média de 20% entre os funcionários.

Item	R$	%
Matéria-prima	10.588,01	55,12%
Embalagem	353,39	1,84%
Pró-labore mais encargos	1.200,00	6,25%
Energia elétrica	130,00	0,68%
Água	25,00	0,13%
Honorário do contador	100,00	0,52%
Salário da secretária	200,00	1,04%
Encargos sociais	140,00	0,73%
Salário do auxiliar de escritório	180,00	0,94%
Encargos sociais	126,00	0,66%
Salário do pessoal de produção	1.820,00	9,47%
Encargos sociais	1.274,00	6,63%
Material de expediente	55,00	0,29%
Combustível	95,00	0,49%
Depreciação das máquinas	40,00	0,21%
Seguro do maquinário	50,00	0,26%
Alvará de localização	30,00	0,16%
Aluguel	500,00	2,60%
Depreciação do veículo	100,00	0,52%
Depreciação móveis e utensílios	11,17	0,06%
Depreciação do computador	36,67	0,19%
IPTU	25,00	0,13%
Seguro do veículo	35,00	0,18%
Manutenção da empresa	50,00	0,26%
Comunicações	110,00	0,57%
Comissão do vendedor	1.909,51	9,94%
Despesas com higiene	25,00	0,13%
Total	**19.208,74**	**100,00%**

Quadro 34 - Despesas mensais

Depreciação

No levantamento dos custos indiretos, teremos que determinar o valor necessário para a recuperação do desgaste dos bens (máquinas, equipamentos, instalações, veículos etc.) —

pelo uso, pela ação da natureza ou por obsolescência. O valor a ser utilizado depende da vida útil de cada tipo de bem. O quadro abaixo traz alguns exemplos.

Item	Vida útil	Depreciação anual	Depreciação Mensal
Máquinas e equipamentos	10 anos	10%	0,833%
Computador	5 anos	20%	1,667%
Veículos	5 anos	20%	1,667%
Edifícios	25 anos	4%	0,333%
Benfeitorias	25 anos	4%	0,333%
Instalações	10 anos	10%	0,833%
Móveis e utensílios	10 anos	10%	0,833%
Item	Valor (em reais)	Depreciação mensal(taxa)	Depreciação mensal
Máquinas e equipamentos	4.800,00	0,833%	40,00
Computador	2.200,00	1,667%	36,67
Veículos	6.000,00	1,667%	100,00
Móveis e utensílios	1.340,00	0,833%	11,17

Quadro 35 – Depreciação de bens (tempo e valor)

Classificação dos custos

Confecções "Bianca Albuquerque"	Alocação dos custos		Dependência do volume de produção	
Item	Direto	Indireto	Fixo	Variável
Matéria-prima	X			X
Pró-labore mais encargos		X	X	
Energia elétrica	X	X		X
Água		X	X	X
Honorário do contador		X	X	
Salário da secretária		X	X	
Encargos sociais		X	X	
Salário do auxiliar de escritório		X	X	
Encargos sociais		X	X	
Comissão do vendedor		X		X
Salário do pessoal de produção	X		X	X

Encargos sociais	X		X	
Material de expediente		X		X
Combustível		X		X
Depreciação		X	X	
Seguros		X	X	
Impostos		X		X
Taxas		X		X
Material de expediente		X		X
Manutenção da empresa		X		X
Comunicações		X		X
Despesas com higiene		X	X	X

Quadro 36 – Classificação dos custos

Com base nesses dados, devemos calcular:
— Custo da matéria-prima;
   — Custo/ hora direto;
   — Custo/ hora indireto;
   — Custo do produto;
   — Preço de venda;
   — Taxa de marcação; e
   — Ponto de equilíbrio (produção).

Produto: Camisa (Referência: A1)					
Itens	Quantidade/ peça	Preço em reais (unit)	Crédito ICMS	Custo do frete	Custo real (sem ICMS + frete)
1. Tecido (metros)	1,40	6,50	12%	5%	6,006
2. Botão	14,00	0,08	12%	0%	0,070
3. Linha (metros)	60,00	0,01	12%	0%	0,009
4. Etiqueta	1,00	0,30	17%	0%	0,249
Embalagem					
1. Saco plástico	1,00	0,180	17%	0%	0,149
2. Suportes	1,00	0,005	17%	0%	0,004
3. Agulhas	6,00	0,004	17%	0%	0,003
4. Caixa	1,00	0,200	17%	0%	0,166

Quadro 37 – Informações técnicas sobre a produção

Operação	Pessoas/ operação	Tempo gasto (minutos/ peça unit.)
Moldar	1	1
Cortar	1	3
Costurar	4	5
Colocar Botões	1	2
Acabamento	1	1
Passar	1	1,5
Embalar	1	1
Total	**7**	**14,5**
Salário pago	**R$260,00/ pessoa**	**R$ 1.820,00**

Quadro 38 – Informações auxiliares sobre a produção

Item	Quantidade	Preço (em reais)	
		Unitário	Total
1. Tecido Metros	1,40	6,006	8,408
2. Botão	14,00	0,070	0,986
3. Linha (Metros)	60,00	0,009	0,528
4. Etiqueta	1,00	0,249	0,249
			Total 10,17
Embalagem			
1. Saco Plástico	1,00	0,149	0,149
2. Suportes	1,00	0,004	0,004
3. Agulhas	6,00	0,003	0,020
4. Caixa	1,00	0,166	0,166
			Total 0,339
			Total geral 10,51

Quadro 39 – Custos da matéria-prima

Cálculo de custos/ hora MOD (mão de obra direta)

O custo de mão de obra direta é relacionado às despesas com pessoal na produção. Pode-se calculá-lo de muitas maneiras, mas numa pequena indústria recomenda-se o custo/ hora, que envolve um resumo da folha de pagamento mensal do pessoal diretamente ligado à produção, incluindo a quantidade de horas produtivas/ mês e os encargos incidentes.

Grupo 1 - Recolhimento Mensal	
Imposto	**%**
INSS	20,00
SENAI	1,00
SESI	1,50
Salário Educação	2,50
INCRA	0,20
SEBRAI	0,60
SAT (Seguro Acidente De Trabalho)	2,00
FGTS	8,00
Total	**35,80**
Grupo 2 – Valores a provisionar	
Item	**%**
Férias	11,32%
Indenização de 1/3 Férias	3,77%
Auxílio Doença	2,00%
Décimo Terceiro	11,32%
Eventuais	5,79%
Total	**34,20%**
Total dos Encargos (1 + 2)	**70,00%**

Quadro 40 - Encargos trabalhistas e folha de pagamento[2]

Cálculo do custo/ hora da mão de obra direta[3]

Fator 1: Salário + Encargos Sociais
Fator 2: N.º de Pessoas x Horas Produtivas/ mês
CMO = Fator 1 : por Fator 2
Um exemplo:
Fator 1: R$ 1.820,00 + R$ 1.274,00[4] = R$ 3.094,00
Fator 2: 7 x 140 = 980
CMO = R$ 3.094,00 : 980 = R$ 3,16

Obtém-se, a seguir, o custo total de mão de obra direta para a produção de uma peça:

---

2 Eventuais (5,79%) são uma estimativa de gastos provisionados para cobrir despesas como faltas abonadas, licenças, indenização FGTS, aviso-prévio e outras. Para estimar esse percentual a empresa deverá fazer uma análise de suas despesas eventuais.
3 Todos os dados devem ser ligados à produção.
4 70% do total dos salários.

MOD/ unidade = Tempo de produção (minutos) x (Custo MOD/ hora : 60)
Exemplo:

MOD/ unidade = 14,5 x (R$ 3,16 : 60) = R$ 0,76

Cálculo de custos/ hora MOI (mão de obra indireta)

Item	Valor (em reais)
Pró-labore mais encargos	1.200,00
Energia elétrica	130,00
Água	25,00
Honorário do contador	100,00
Salário da secretária	200,00
Encargos sociais	140,00
Salário do auxiliar de escritório	180,00
Encargos sociais	126,00
Material de expediente	55,00
Combustível	95,00
Depreciação das máquinas	40,00
Seguro do maquinário	50,00
Alvará de localização	30,00
Aluguel	500,00
Depreciação do veículo	100,00
Depreciação móveis e utensílios	11,17
Depreciação do computador	36,67
IPTU	25,00
Seguro do veículo	35,00
Manutenção da empresa	50,00
Comunicações	110,00
Despesas com higiene	25,00
Total	3.263,83

Quadro 41 - Verificação dos custos indiretos

Cálculo do custo/ hora da mão de obra indireta

Fator 1: Total dos custos indiretos
Fator 2: N.º de Pessoas x Horas Produtivas/ mês
CMI = Fator 1 : por Fator 2

Um exemplo:
CMI = R$ 3.263,83 : 980 = R$ 3,33

Obtém-se, a seguir, o custo total de mão de obra indireta para a produção de uma peça:

MOI/ unidade = Tempo de produção (minutos) x (Custo MOI/ hora : 60)

Exemplo: MOI/ unidade = 14,5 x (R$ 3,33 : 60) = R$ 0,80

Custo Do Produto			
Item	Quantidade	Preço (em reais)	Total
Custo da matéria-prima	1,00	10,1710	10,171
Embalagem	1,00	0,3395	0,339
Custo mão de obra direta	1,00	0,7630	0,763
Custo indireto unitário	1,00	0,8049	0,805
Total			12,078

Quadro 42 – Custo total do produto

Uma vez definido o preço de venda, podemos definir o valor das despesas de comercialização.

Itens	Percentual do valor	Valor (em reais)	Percentual do cálculo
ICMS	17,00%	3,86	36,32%
PIS	0,65%	0,15	1,39%
COFINS	2,00%	0,45	4,27%
Contribuição Social (Lucro Presumido)	0,96%	0,22	2,05%
IR (Lucro Presumido)	1,20%	0,27	2,56%
Comissão de vendedor	5,00%	1,14	10,68%
Margem desejada de lucro	20,00%	4,54	42,73%
Total	46,81%	10,63	100,00%

Quadro 43 – Percentual de despesas

Preço de venda

O custo de produção é um balizador de preço que devemos praticar, mas a determinação do preço de venda está inteiramente relacionada às condições de mercado. Da mesma forma, é preciso analisar as estratégias de mercado adotadas pela empresa, verificar qual a remuneração esperada do capital investido e as próprias exigências governamentais.

Para calcular o preço de venda (PV), devemos adotar a seguinte equação:

Fator 1: Custo de produção (CP) x 100

Fator 2: Subtrair do percentual PV (100%) o percentual das despesas de comercialização (DC) e o percentual da margem desejada de lucro (ML): PV − (DC + ML)

PV = Fator 1 : Fator 2

No nosso exemplo:

Fator 1: 12,08 x 100

Fator 2: 100 - (26,81 + 20) = 53,19

Preço de Venda Unitário (PVU) = 1208 : 53,19 = R$ 27,71

Taxas de marcação *(markup)*

A taxa de marcação é uma maneira de se determinar o preço de venda dos produtos de mesma linha, uma vez conhecido o custo de produção do produto.

Pode-se chegar à taxa de marcação utilizando as fórmulas já explicadas:

TM = PV : CP = 22,71 : 12,0783 = 1,88

Para obter o preço de venda, basta multiplicar o custo do produto pela taxa de marcação.

PV = CP x TM = 12,08 x 1,88 = 22,71

Importante: Quando houver alteração nos valores de

matéria-prima, embalagens etc., que alteram o custo do produto, há necessidade de atualizar esse valor antes de multiplicá-lo pela taxa de marcação. Cada produto tem seu próprio *markup*; o empreendedor deve também adotar um sistema de revisão de *markup*.

Margem de contribuição

A margem de contribuição unitária (MCU), como já mencionamos, é a diferença entre a Receita Bruta Unitária (RBU) e os Custos Variáveis Unitários (CVU).

Item	Quantidade	Preço	Total	Percentual
Custo da matéria-prima	1	10,1710	10,171	61,28%
Custo da embalagem	1	0,3395	0,339	2,05%
Despesas de comercialização	1	6,0880	6,088	36,68%
Total			16,598	100,00%

Quadro 44 – Custos variáveis

Fórmula: MCU = PVU – CVU

22,71 – 16,60 = 6,11 (a margem de contribuição por camisa)

Margem de Contribuição em percentagem

MC (0%) = (MC x 100) : PVU

MC = (6,11 x 100) : 22,71 = 26,90%

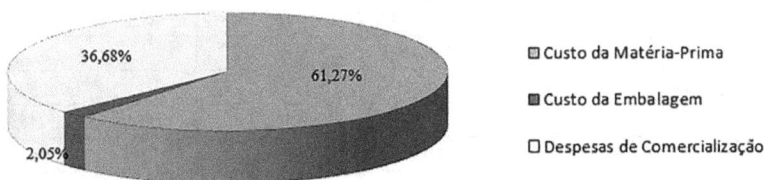

Figura 28 – Composição do custo

Conclusão: o percentual de Margem de Contribuição da camisa é de 26,90%, o que indica que do total faturado em camisas, 26,90% sobra para cobrir os custos fixos. Quanto maior a MC, melhor.

Ponto de equilíbrio

Nesta fase será determinada a necessidade mínima de produção e vendas para que a indústria cubra suas despesas.

Custos fixos				
Item	Quantidade	Preço (em real)	Total (em real)	Percentual
Custos Fixos	1	3.263,83	3.263,83	53%
MOD + Encargos	1	3.094,00	3.094,00	47%
Total			6.357,83	100%

Quadro 45 – Custos fixos

Para isso, vamos utilizar a seguinte fórmula:

PE = (CF + MOD) : MCU = 6.357,83 : 6,11 = 1041

Conclusão: para que a empresa equilibre seus custos, não tenha prejuízo nem lucro, precisa produzir no mínimo 1041 camisas por mês.

Item	Quantidade	Preço (em real)	Total (em real)	Percentual
Custo da matéria-prima	1.041	10,1710	10.588,01	96,77%
Custo da embalagem	1.041	0,3395	353,39	3,23%
Total			**10.941,40**	**100,00%**

Quadro 46 – Percentual de custos

Item	Quantidade	Valor (em real)	Total (em real)
Camisas	1041	22,71	23.641,11
(–) Custos Fixos			3.263,83
(–) MOD + Encargos			3.094,00
(–) Custos Variáveis	1041	16,60	17.280,60
Resultado (Lucro/ Prejuízo)			2,68

Quadro 47 – Avaliação de resultados

Lembro mais uma vez que uma empresa eficiente precisa revisar frequentemente seus sistemas de custos. Segundo Robert Kaplan, professor de contabilidade da Harvard Business School (USA) consultor de empresas e autor de vários livros sobre custos:

**"Toda mudança traz riscos,
mas qual é o risco de não mudar?"**

É preciso verificar se o sistema implantado identifica claramente o quanto se pode produzir e quanto foi produzido. Se a empresa produziu menos, poderemos verificar quanto custou essa ociosidade? De que perda estamos falando? Pode se referir, muitas vezes a um prejuízo oriundo de refugos. Ou o sistema é capaz de controlar os refugos ou, simplesmente, a empresa efetua um rateio e repassa sua ineficiência na produção para todos os clientes. Hoje em dia não existe mais espaço para esse tipo de coisa!

Qual é o ponto de equilíbrio de sua empresa? Por meio do seu sistema, a empresa consegue fazer uma análise de custo/volume/ lucro? Sabe exatamente quanto precisa produzir e vender para, pelo menos, cobrir os custos fixos?

Qual é o lucro da empresa, ou de quanto é sua margem de contribuição por produto? A empresa deve saber identificar se um produto é deficitário, bem como, com relativa antecedência, verificar quando deve reajustar suas tabelas de preços.

A empresa deve implantar controles que permitem saber em tempo hábil quando está na hora de lançar um novo produto ou revitalizar um produto que está caindo em relação à sua aceitabilidade no mercado. A empresa precisa também fazer algum acompanhamento de mercado para saber como anda o custo de seus concorrentes.

Se o sistema de uma empresa não consegue responder a um mínimo de questões como essas, então está na hora de mudar! E no momento em que vivemos, essa mudança deverá ser implementada rapidamente, para que se mantenha à frente dos outros. O que vale hoje não vale mais amanhã!

É aconselhável montar um painel com todas as questões apresentadas, dividido em quatro colunas, sendo a primeira para assinalar a pergunta, a segunda como a empresa está procedendo atualmente em relação à pergunta, a terceira como está procedendo seu concorrente e a quarta com as providências necessárias. Em seguida deve-se analisar, discutir, acrescentar e retirar questões, trocar ideias com todos os setores, procurar criar um sistema abrangente, que analise compra, armazenamento, produto, embalagem, custo, venda, recebimento, pagamento de fornecedores e salários, até encontrar novamente o início do ciclo operacional.

É evidente que já não estamos falando de um sistema de custeio dos produtos, mas sim do custeio das atividades da empresa. Podemos sugerir dois sistemas eficazes para identificar os custos das atividades de uma empresa: o ABM (*Activity Based Management*) e o ABC (*Activity Based Costing*).

Referências Bibliográficas

Conselho Regional de Contabilidade do Estado de São Paulo. (1997). *Contabilidade no contexto internacional.* São Paulo: Atlas.

Gitman, L. J. (1987). *Princípios de administração financeira.* (3. ed.). São Paulo: Harbra.

Groppelli, A. & Nikbakht, E. (1998). *Administração financeira.* (Trad. A. O. Castro). (3. ed.). São Paulo: Saraiva.

Pinho, A. D. (set. 1996). Demonstração dos fluxos de caixa. *Boletim do Ibracon.* (n. 220). São Paulo.

Ross, S. A. et al. (1995). *Administração financeira.* (Trad. A. Z. Sanvicente). São Paulo: Atlas.

Sá, C. A. (1998). *Gerenciamento do fluxo de caixa.* São Paulo: Top Eventos.

Teixeira, E. (2002). *Criatividade, ousadia & competência.* São Paulo: Makron Books.

Terco Auditoria E Consultoria S/C. (1998). *Demonstrações de origens e aplicações de recursos e fluxo de caixa.* São Paulo: Ibracon.

Von Bahten, M. A. (2004). *A tripulação: manual do empresário.* Curitiba: Champagnat.

Von Bahten, M. A. (2005). *O resgate*. Curitiba: Champagnat.

Von Bahten, M. A. (2007). *A trilha: histórias de sonhos transformados em realidade*. Curitiba: Edição do Autor.

Von Bahten, M. A. (2010). *O amanhecer*. Curitiba: Edição do Autor.

Welsch, G. A. (1996). *Orçamento empresarial*. (Tradução e adaptação à terminologia contábil brasileira A. Z. Sanvicente). (4. Ed.). São Paulo: Atlas.

Yoshitake, M. & Hoji, M. (1997) *Gestão de tesouraria: controle e análise de transações financeiras em moeda forte*. São Paulo: Atlas.

Zdanowicz, J. E. (1998). *Fluxo de caixa: uma decisão de planejamento e controle financeiros*. (7. ed.). Porto Alegre: Sagra Luzzatto.

- Anexos -

Anexo 1
Habilitação de uma empresa para exportação[5]

Qual o primeiro passo para uma empresa que deseja exportar/importar?
Legalizá-la para exportação e importação.

Como legalizar uma empresa de exportação?
As operações de exportação e importação somente poderão ser realizadas por pessoas físicas ou jurídicas inscritas no Registro de Exportadores e Importadores (REI) da Secretaria de Comércio Exterior do Ministério de Desenvolvimento, Indústria e Comércio Exterior (SECEX).

Caso a empresa tenha a intenção de praticar com constância a exportação, deverá fazer uma alteração contratual para fazer constar como objetivo do contrato social a operação de exportação e/ ou importação.

A pessoa física somente poderá exportar mercadorias em quantidades que não configurem prática de comércio e habitualidade, salvo no caso de artesãos, agricultores e assemelhados, devidamente cadastrados como autônomos e inscritos no INCRA, para o caso dos agricultores.

Como se inscrever no Cadastro de Exportadores e Importadores (REI)?

---

5 Fonte: Apex e Ministério do Desenvolvimento, Indústria e Comércio Exterior.

Os exportadores e importadores serão inscritos automaticamente, por meio do SISCOMEX, ao realizarem a primeira operação, sem o encaminhamento de quaisquer documentos, os quais poderão ser solicitados eventualmente pelo Decex, para verificação de rotina.

Como o artesão poderá exportar em seu próprio nome?
Registrando-se no Cadastro de Exportadores e Importadores (REI) da SECEX.[6]

O pedido de inscrição do artesão no referido cadastro será feito por Documento de Cadastro do ICMS – DOCAD (formulário na papelaria), acompanhado da seguinte documentação:

— Documento de inscrição no Cadastro de Pessoas Físicas do Ministério da Fazenda – CPF/MF (cópia);

— Documento de identidade (cópia);

— Comprovante de propriedade do imóvel no qual o requerente exercerá sua atividade ou de instrumento que autorize sua ocupação, devidamente acompanhado do título de propriedade do imóvel;

— Cópia da inscrição no Sindicato de Artesãos Autônomos de seu município;

— Comprovante de pagamento da taxa correspondente.[7]

Para exportar, a empresa necessita de algum outro registro especial?
Sim. A empresa deverá registrar sua exportação no Sistema Integrado de Comércio Exterior (SISCOMEX), e para acessar o sistema terá que obter uma senha que permitirá esse acesso.

---

6 Para se registrar no REI, o artesão deverá obter seu registro como autônomo no Cadastro de Pessoa Física – Contribuinte, que faz parte do Cadastro Geral de Contribuintes de seu Estado.
7 No caso do Estado do Rio de Janeiro, por exemplo, o DARJ.

Como se registrar e obter a senha de acesso ao SISCO-MEX?

Acessar o site em do sistema aduaneiro em http://www.receita.fazenda.gov.br/aduana/siscomex/acessosistemas.htm.

Existem outros meios de se exportar e importar sem passar por todos esses trâmites?

Sim. A empresa pode comercializar seus produtos através de uma *trading company*, ou uma empresa comercial exportadora. A venda para uma *trading* ou comercial exportadora é considerada como exportação direta e o vendedor/ exportador usufrui de toda isenção fiscal prevista na lei.

Outra modalidade que pode facilitar os trâmites para exportação é o SIMPLEX, sistemática que foi instituída pelo governo para agilizar exportações até o montante de US$ 10.000,00. No SIMPLEX, o pagamento das exportações pode ser feito também, por cartão de crédito. O Registro de Exportação no SIS-COMEX – RES passa a ser simplificado, assim como o contrato de câmbio, que passa a ter um boleto também simplificado.

Tributos e incentivos fiscais para exportação

Existem incentivos fiscais para apoiar as exportações brasileiras?

Sim. A empresa que realiza exportação se beneficia do não recolhimento do ICMS,[8] IPI,[9] PIS, COFINS[10] e alíquota 0% de IOF sobre as operações de crédito, câmbio e seguros.

Como não há incidência do ICMS sobre a exportação, seu valor não deverá ser destacado na respectiva nota fiscal de exportação ou em nota fiscal de operação, no mercado interno, com o fim específico de exportação.[11]

Não há incidência do IPI sobre produtos industrializa-

---

8 ICMS – Artigo 32, I - Lei Complementar n. 87, de 13/09/96.
9 Artigo 18, II RIPI – Decreto 2.637 de 25/06/98.
10 Medida Provisória n. 1991-13/2000
11 Lei Complementar n. 87, de 13/09/96.

dos destinados à exportação, consequentemente, não haverá o destaque na nota fiscal de exportação.[12]

Quais os custos incidentes sobre um produto exportado?
Os custos normais relativos ao processo de exportação são: despacho aduaneiro, despesas portuárias, bancárias e, ocasionalmente, poderão ocorrer despesas com embalagem especial, despesas consulares, registro do produto no mercado-alvo e comissão de representante. Pode haver outros em função de eventual adequação do produto às exigências do mercado-alvo.

Simples Exportação

Uma empresa que exporta poderá ser enquadrada como micro e pequena empresa?
As leis que enquadram as pequenas e microempresas são em três níveis, pertinentes ao pagamento simplificado e com alíquotas preferenciais: federal (IPI, PIS, COFINS), estadual (ICMS) e municipal (ISS).
No âmbito Federal e Municipal de acordo com as respectivas leis (que criaram o SIMPLES e Lei Municipal n. 716), é permitido o enquadramento de micro e pequena empresa para a atividade de exportação.
No âmbito estadual, a Lei n. 3.342/99 veda às empresas que exportem produtos de terceiros o enquadramento no Regime Simplificado de Recolhimento para efeito de recolhimento de ICMS, que deverá então ser recolhido conforme as alíquotas normais. Mas as empresas produtoras e exportadoras estarão enquadradas.

Se no SIMPLES a alíquota é única para todos os impostos, como ficam os benefícios fiscais concedidos às empresas que efetuam a exportação?
A empresa enquadrada no SIMPLES que exportar seus produtos não terá benefícios fiscais concedidos à exportação,

---

12 Art. 18 do RIPI, decreto 2.637, de 25/6/98.

recolhendo a alíquota única pertinente ao seu enquadramento no SIMPLES, no âmbito federal e municipal.

Exportação Passo a Passo

Qual é o passo a passo da exportação?

(1) Preparação/ adaptação para o comércio exterior (adequação do contrato social para atividade de exportação, inscrição no Cadastro de Exportadores e Importadores).

(2) Seleção e análise dos potenciais mercados-alvo ou clientes.

(3) Classificação tributária da mercadoria a ser exportada.

(4) Avaliação de custos/ preços para exportação.

(5) Seleção de um canal de comercialização.

(6) Contato com o importador/ negociação.

(7) Envio de amostras.

(8) Cotação/ contratação/ envio da fatura "Proforma".

(9) Análise de pedido.

(10) Preparação da mercadoria.

(11) Coordenar a logística do embarque, definindo a embalagem de transporte etc.

(12) Contratar o seguro.

(13) Análise e aceitação da carta de crédito (se for por essa modalidade), suas exigências, prazos para embarque e expiração da validade, permissão para embarque e documentos requeridos.

(14) Preparação dos documentos para embarque.

(15) Registro da operação no Siscomex.

(16) Emissão da Nota Fiscal de Exportação.

(17) Embarque.

(18) Preparação dos documentos após embarque.

(19) Apresentação/ negociação dos documentos/ liquidação do câmbio.

(20) Acompanhamento pós-venda.

(21) Arquivo e contabilidade da exportação.

Documentos para Exportação

Quais os documentos necessários nas operações de exportação?

Para fins de cotação do produto junto ao cliente: Fatura Proforma.

(b) Para fins de licenciamento governamental: Registro de Exportação (RE) no Siscomex.

(c) Para trânsito interno das mercadorias: Nota Fiscal.

(d) Para fins de embarque para o exterior: Nota Fiscal, Registro de Exportação (RE), Romaneio ou *Packing list* (lista do que contém cada volume).

(e) Para fins de negociação junto ao banco negociador de câmbio: Fatura Comercial, Conhecimento de Embarque, Carta de Crédito, Certificado de Origem, *Packing List*, Contrato de Câmbio e outros documentos exigidos pelo importador (certificados de origem, fitossanitários etc.).

(f) Para fins fiscais e contábeis: contrato de câmbio, comprovante de exportação, nota fiscal, fatura comercial.

Qual o modelo da nota fiscal para exportação?

Modelo 1, Série B, emitida em nome do importador. Deverá constar:

Natureza da Operação: código 7.11 – Exportação (venda de produção do estabelecimento).

Isento do IPI – Artigo 18 – Inciso II, Decreto 2637/98.

ICMS – não incidência – Artigo, 32 Inciso I da Lei Complementar 87/96.

Diversos

É possível enviar amostras para o exterior?

Sim, desde que o produto seja destinado à exposição em feiras ou como amostra sem valor comercial, e que seja respeitado o limite de US$ 5.000.

A exportação de amostras caracteriza-se pela limitação de quantidades e pela não destinação comercial. Assim, na exportação de um lote de camisas, por exemplo, é recomendável que cada peça seja de referência distinta e não objetive a venda desse lote no exterior.

É permitido à pessoa física exportar?
A pessoa física somente pode exportar mercadoria em quantidades que não revelem a prática de comércio e desde que não se configure habitualidade. O artesão, artista plástico ou assemelhado pode realizar exportação, desde que registrado como profissional autônomo, e o agricultor ou pecuarista deve estar registrado no Instituto Nacional de Colonização e Reforma Agrária (INCRA).

Como conseguir uma relação de possíveis compradores para os meus produtos?
Por meio de Embaixadas, Consulados, Câmaras de Comércio, Itamaraty, *Trade Points*, Federações da Indústria, participação em feiras, exposições, seminários, Rodadas de Negócios e Sebrae.

O passo a passo propriamente dito

1) Preparar a empresa. Efetuar o registro de exportador na Secretaria de Comércio Exterior do Ministério do Desenvolvimento, Indústria e Comércio Exterior (MIDC) ou na Delegacia da Receita Federal mais próxima.

2) Selecionar um canal para a exportação dos produtos. Caso a exportação não seja direta, a empresa poderá utilizar consórcios de exportação, *tradings companies*, agentes de comércio exterior, empresas comerciais exportadoras etc.

3) Identificar os mercados. Estabelecer contato com compradores (importadores) no exterior. Ao identificar o importador, fornecer informações sobre quantidade disponível, aspectos técnicos, condições de venda, prazo de entrega e preço unitário da mercadoria.

4) Análise de mercado para avaliar a viabilidade da exportação. Uma vez identificado o mercado, a empresa deve efetuar uma análise com relação a preços praticados no país, dife-

renças cambiais, nível de demanda, sazonalidades, embalagens, exigências técnicas e sanitárias, custo de transporte e outras informações que influenciarão a operação.

5) Contato inicial com o importador. Identificado o cliente, é imprescindível que seja enviado a ele o maior número possível de informações sobre o produto. Pode-se utilizar catálogo, lista de preços e amostra.

6) Confirmado o fechamento do negócio, o exportador deve formalizar a negociação enviando uma fatura proforma. Não existe um modelo de fatura proforma. Nela devem constar informações sobre o importador e o exportador, descrição da mercadoria, peso líquido e bruto, quantidade e preço unitário e total, condição de venda e modalidade de pagamento, meio de transporte e tipo de embalagem.

7) Caso não haja mercadoria em estoque, o exportador deve agilizar a produção, atento às questões como controle de qualidade, embalagem, rotulagem e marcação de volumes.

8) Confirmação da carta de crédito. Embora haja outras formas de pagamento, o grau de segurança oferecido pela modalidade "carta de crédito" torna o instrumento o mais utilizado no comércio internacional. O exportador deverá pedir ao importador a abertura da carta de crédito. Ao final do processo, o banco enviará cópia ao exportador.

9) O exportador deverá providenciar a emissão dos documentos de exportação ou embarque. Documentos necessários para circulação da mercadoria no país de origem:

— Romaneio de embarque;
— Nota fiscal;
— Certificados adicionais, quando necessários.

Documentos necessários para o embarque ao exterior:
— Romaneio de embarque;
— Nota fiscal;
— Registro de exportação;
— Certificados;
— Conhecimento de embarque (emitido após o embarque).

10) Efetuar a contratação da operação de câmbio, ou

seja, negociar com a instituição financeira autorizada o pagamento em reais ou a conversão da moeda estrangeira recebida pela aquisição das mercadorias exportadas. Essa operação é formalizada mediante um contrato de câmbio.

11) Embarque da mercadoria e despacho aduaneiro. Após todos esses procedimentos, deverá ser efetuado o embarque da mercadoria e desembaraço na aduana (alfândega). O embarque aéreo ou marítimo da mercadoria é efetuado por agentes aduaneiros mediante o pagamento da taxa de capatazia. O embarque rodoviário é efetuado no próprio estabelecimento do produtor, ou em local preestabelecido pelo importador. A liberação da mercadoria para embarque é feita mediante a verificação física e documental realizadas por agentes da Receita Federal nos terminais aduaneiros. Todas as etapas do despacho aduaneiro são feitas pelo Siscomex.

12) Preparação dos documentos pós-embarque. Documentos para negociação junto ao Banco (pagamento):
— Fatura comercial;
— Conhecimento de embarque;
— Letra cambial ou saque;
— Carta de crédito (original);
— Fatura e/ ou visto consular;
— Certificados adicionais (quando necessário);
— Apólice ou certificado de seguro (caso a condição seja CIF);
— Borderô ou carta de entrega.
Documentos contábeis (arquivamento):
— Fatura comercial;
— Conhecimento de embarque;
— Nota fiscal;
— Apólice ou certificado de seguro;
— Contrato de câmbio.

13) Apresentação dos documentos ao banco do importador. No caso de a operação ter sido efetuada com carta de crédito, deve-se apresentar ao banco indicado pelo importador os documentos que comprovem que a transação foi efetuada conforme combinado.

14) Liquidação do câmbio. Após a transferência para o banco do exportador deverá ser feita a liquidação do câmbio conforme as condições descritas no contrato. O recebimento deverá ser em R$ (reais).

ANEXO 2
TECNOLOGIA E INOVAÇÃO

Inicio este anexo sobre importante tema do mundo atual mostrando o que o Brasil está fazendo nesse sentido, incluindo notícias a respeito da Financiadora de Estudos e Projetos (FINEP), órgão do governo federal que orienta e financia a implementação dos projetos.

FINEP – Financiadora de Estudos e Projetos

Missão: Promover o desenvolvimento econômico e social do Brasil por meio do fomento público à Ciência, Tecnologia e Inovação, em empresas, universidades, institutos tecnológicos e outras instituições públicas ou privadas.

Visão: Transformar o Brasil por meio da inovação.

Perfil de Atuação: Atuar em toda a cadeia da inovação, com foco em ações estratégicas, estruturantes e de impacto para o desenvolvimento sustentável do Brasil.

Marcos históricos

A Finep é uma empresa pública vinculada ao MCT. Foi criada em 24 de julho de 1967, para institucionalizar o Fundo de Financiamento de Estudos de Projetos e Programas, criado em 1965. Posteriormente, a Finep substituiu e ampliou o papel até então exercido pelo Banco Nacional de Desenvolvimento Econômico e Social (BNDES) e seu Fundo de Desenvolvimento Técnico-Científico (FUNTEC), constituído em 1964 com a finalidade de financiar a implantação de programas de pós-graduação nas universidades brasileiras.

Em 31 de julho de 1969, o governo instituiu o Fundo Nacional de Desenvolvimento Científico e Tecnológico (FNDCT), destinado a financiar a expansão do sistema de C&T, tendo a Finep como sua Secretaria Executiva a partir de 1971. Na década de 1970, a Finep promoveu intensa mobilização na comunidade científica ao financiar a implantação de novos grupos de pesquisa, a criação de programas temáticos, a expansão da infraestrutura de C&T e a consolidação institucional da pesquisa e da pós-graduação no país. Estimulou também a articulação entre universidades, centros de pesquisa, empresas de consultoria e contratantes de serviços, produtos e processos.

Iniciativas de C&T de empresas em parceria com Instituições Científicas e Tecnológicas (ICTs), que tiveram grande sucesso econômico, também estão associadas a financiamentos da Finep, como, por exemplo: o desenvolvimento do avião Tucano da Empresa Brasileira de Aeronáutica (Embraer), que abriu caminho para que os aviões da empresa se tornassem um importante item da pauta de exportações do país; um grande programa de formação de recursos humanos, no país e no exterior, assim como inúmeros projetos da Empresa Brasileira de Pesquisa Agropecuária (Embrapa) e de universidades, que foram essenciais para o desenvolvimento tecnológico do sistema agropecuário brasileiro, tornando-o um dos mais competitivos do mundo; projetos de pesquisa e de formação de recursos humanos da Petrobras, em parceria com universidades que contribuíram para o domínio da tecnologia de exploração de petróleo em águas profundas e que estão fazendo o país alcançar a autossuficiência no setor.

A capacidade de financiar todo o sistema de CT&I, combinando recursos reembolsáveis e não reembolsáveis, assim como outros instrumentos, proporciona à Finep grande poder de indução de atividades de inovação, essenciais para o aumento da competitividade do setor empresarial.

Um exemplo de tecnologia e inovação

A FETEP (Fundação de Ensino, Tecnologia e Pesquisa),[13] criada com o propósito de integrar empresas de um mesmo setor para buscar em conjunto as soluções para seus problemas, demonstra a importância da "Tecnologia e Inovação" no mundo industrial. Tais dificuldades consistiam em desenvolver tecnologia e implantar inovações necessárias para que empresas do setor de mobiliário pudessem exportar seus produtos.

No contexto socioeconômico atual, o setor mobiliário é de suma importância: constituído predominantemente de pequenas e microempresas, atua como uma força descentralizada, criando empregos industriais longe dos grandes centros altamente industrializados.

Um estudo comparativo entre alguns setores produtores de bens de consumo revela que na última década do século passado houve, de forma geral, um incremento nas importações de equipamentos com a finalidade de exportar mais; constata-se, no entanto, que o setor de mobiliário ficou muito aquém dos demais manufaturados exportados durante o período.

Este fraco desempenho deve-se, em grande parte, à falta de inovação tecnológica, "mudanças técnicas" introduzidas no setor, em oposição ao grande incentivo que os demais setores receberam com sua crescente participação no mercado internacional.

Embora o papel fundamental da inovação tecnológica seja estimular o crescimento econômico, grande número de empresários não lhe dá o devido valor, limitando seu interesse a problemas de produção e controle de qualidade.

O que é?

Entendemos como inovação tecnológica toda "mudança

---

13 N. E.: Marcos Alberto von Bahten foi Diretor Executivo da FETEP de 1975 a 1986.

técnica" capaz de gerar um novo produto ou um novo método de produção. A inovação tecnológica se diferencia da invenção porque, enquanto esta requer criatividade, aquela geralmente exige apenas a sua aplicação. Concluímos, então, que teremos uma mudança ou inovação quando introduzirmos uma novidade, alguma modificação no produto, nas operações, no processo, no desenvolvimento do produto ou processo.

Denominamos empresas inovadoras aquelas que viabilizam uma mudança, independente de tê-la criado, o que exigiria maiores recursos materiais e financeiros.

Sabemos também que vários fatores contribuem para que uma empresa adote uma "mudança técnica". O mais importante seria a disposição para inovar, impelida pela percepção da necessidade de inovação tanto em processos, em função de um problema interno na produção ou no controle de qualidade, quanto devido à oportunidade de demanda do mercado, tanto interno como externo. Uma etapa seguinte seria a procura das informações necessárias, obtidas em contato com fornecedores, clientes, artigos técnicos, ou no Centro de Informação e Divulgação da FETEP. Uma vez encontradas as informações, procede-se à sua avaliação, à escolha da alternativa e à sua implementação, um processo geralmente moroso, podendo causar o seu malogro e um impacto negativo na adoção de futuras tecnologias.

Implantação

No Brasil, a implantação de tecnologia inovadora exige, principalmente em relação à pequena e média empresa, um sistema de fomento setorial capaz de fornecer rapidamente a tecnologia adequada. Essa transferência de tecnologia será economicamente mais viável — especialmente no setor mobiliário, dadas as suas peculiaridades de concentração regional — quando precedida pela atuação de um Centro de Pesquisa Privado, como o CDM/ FETEP, facilitando sua manutenção e orientando a direção empreendedora do setor.

Cada empresa tem seus próprios padrões técnicos de

produção e operação, que representam a sua tecnologia — definida como empírica, que se diferencia da científica, em que o saber e o fazer se entrelaçam.

A tecnologia empírica é essencial ao desenvolvimento tecnológico, o que pode ser verificado na maioria das indústrias que conseguiram crescer fazendo "mudanças técnicas" introduzidas pela "prata da casa", como supervisores, pessoal especializado e mesmo operários, na maioria dos casos sem nem mesmo contar com a participação de profissionais de nível superior. A absorção da tecnologia científica pelas empresas torna-se mais fácil se já tiverem desenvolvido tecnologia empírica.

Convém salientar que, com raras exceções, não existe a carreira técnica na indústria: o engenheiro, depois de alguns anos, torna-se um administrador.

Nota-se ainda que nas empresas exportadoras existe uma preocupação na busca da inovação tecnológica. Analisando todo este comportamento do setor, verifica-se que Centros de Pesquisa como o CDM da FETEP têm todas as condições de acelerar a implantação de "mudanças técnicas" nas empresas por meio do desenvolvimento e transferência de tecnologia. Já Centros de Informação como o CID da FETEP (Centro de Informação e Divulgação) possibilita trocas de informação que permitem a atualização constante das empresas a eles vinculadas.

Historicamente, a indústria de móveis no Brasil vem adotando inovações originais do exterior em máquinas, equipamentos ou processos de produção, assim como tipos e modelos produzidos. Os processos de inovação do setor se caracterizam pela imitação, o que vem comprovar a necessidade de atualização das empresas quanto às tecnologias disponíveis, especialmente no que diz respeito ao desenvolvimento de produto e apoio tecnológico, no sentido de integrar processos produtivos visando à melhoria do *design*, qualidade e embalagem.

Tal estratégia é válida em razão do grande número de empresas com problemas técnicos de mesma natureza, o que permite atender um número elevado de empresas simultaneamente e de forma indiscriminada. Contribuem ainda para este trabalho órgãos nos Estados que permitem e apoiam trabalhos em cooperativa.

Nesse sentido, cabe ainda acrescentar que o Governo Federal deveria encontrar mecanismos capazes de apoiar financeiramente, por meio de auxílio ou subvenção anuais, não somente os institutos de pesquisa oficiais, mas também as associações de empresas do mesmo setor, com ações dirigidas à pesquisa tecnológica aplicada, especialmente quando se tratar da pequena e média empresa.

Transferência de tecnologia

Os Centros de Pesquisa Privados, pelo grau de afinidade que possuem com as indústrias, permitem um apoio tecnológico por meio da transferência de tecnologia, adequando seus produtos à realidade das inovações disponíveis em outros centros de pesquisa, nacionais e internacionais. Da mesma forma, encontram maior facilidade para a mensuração dos principais centros compradores a fim de levantar as tendências do mercado, no caso em pauta focadas na área do mobiliário, especialmente no que diz respeito a modelos, tonalidades, características especiais e classes de consumidores.

Os Estados, por sua vez, em termos de seu planejamento estratégico não podem se omitir do desenvolvimento tecnológico. O ideal seria a criação na empresa nacional de departamentos de pesquisa e desenvolvimento, mas considerando o elevado custo da instalação de laboratórios e manutenção de pessoal de alto nível, parece-nos em médio prazo uma solução praticamente impossível, especialmente para empresas de menor porte. Os Centros de Desenvolvimento Industrial deveriam merecer prioridade por parte do Estado nos quais se localizam na forma de apoio técnico e financeiro, quando viabilizados em função da associação de indústrias de um mesmo setor, geradoras em potencial de empregos e receita de impostos, garantindo, assim, o seu próprio desenvolvimento industrial.

Um polo moveleiro por excelência

Numa nota pessoal, devo me reportar ao ano de 1975, quando a região formada pelos municípios de São Bento do Sul, Rio Negrinho e Campo Alegre contava com aproximadamente 150 fábricas de móveis. Já naquela época os empresários se preocupavam com a matéria-prima (madeira) e seus derivados.

Preocupavam-se ainda com o meio ambiente, dado o reflorestamento intensivo de espécies exóticas utilizadas para as indústrias de papel e celulose, e com a exportação *in natura* em grande quantidade da madeira imbuia, principal matéria-prima utilizada na fabricação de móveis. Houve também falta de mão de obra especializada para atuar nas empresas.

Naquela época, várias comitivas de empresários e autoridades do Estado de Santa Catarina dirigiram-se por várias vezes aos órgãos responsáveis em Brasília e Rio de Janeiro, em busca de criar mecanismos que sustassem essa exportação *in natura* da imbuia (*Ocotea Porosa*), já escasseando, presente naturalmente somente em determinadas regiões dos Estados do Sul do Brasil. Naqueles tempos, poucos imaginavam que no futuro próximo a imbuia seria substituída, especialmente na exportação, por outras madeiras como o *pinus helliotis* ou a *thaeda*, por exemplo.

Todos esses óbices levaram o Prefeito Osvaldo Zipperer a criar em 1975 uma comissão para estudar a viabilidade de se organizar uma fundação dedicada à pesquisa e à formação de mão de obra do setor moveleiro. O parecer foi favorável, e em 18 de dezembro o prefeito sancionou a Lei n. 149 instituindo a FETEP, com todas as suas funções. Para que a lei tivesse efeito legal, teria que lhe ser destinado um imóvel para desenvolver suas atividades, e inicialmente foi doada uma casa que pertencia à Prefeitura Municipal.

Quando, no ano seguinte, o prefeito me convidou para implantar a FETEP naquele município, escolheram outro patrimônio municipal, com instalações mais apropriadas para amparar o corpo funcional e possíveis equipamentos deste embrião inicial da fundação, uma entidade privada, sem fins lucrativos, mantida pelas empresas associadas, contribuições de entidades públicas e privadas e pela receita de serviços prestados.

A fundação tinha como objetivos:

a) Promover estudos, pesquisas e projetos relacionados ao desenvolvimento tecnológico, econômico e social da região e do Estado, com prioridades para o setor ligado à madeira/ móveis;

b) Promover cursos de formação, treinamento e especialização de mão de obra;

c) Desenvolver atividades ligadas ao aprimoramento e desenvolvimento das áreas administrativas e produtivas das empresas; e

d) Apoio a testes laboratoriais para certificação e análise de matérias-primas e produtos acabados do setor madeira/ móveis.

Ainda no governo de Osvaldo Zipperer foi doada uma área de trezentos mil metros quadrados, o que nos permitiu estabelecer um projeto com a FINEP via BRDE, com aval do Banco de Desenvolvimento do Estado de Santa Catarina (BADESC), para construção de todas as unidades físicas, mobiliário, equipamentos do laboratório para ensaios físicos e químicos, bem como aquisição de todas as máquinas e ferramentas necessárias para a fábrica modelo para a realização de aulas práticas e desenvolvimento de protótipos para as empresas exportadoras, área administrativa, área desportiva e viveiro de mudas, uma instalação muito importante para o desenvolvimento florestal.

Fatores adversos, com o passar dos anos, mudaram as regras anteriormente assumidas pelas entidades envolvidas, ocasionando problemas de fluxo de caixa para suportar as responsabilidades assumidas pela Fundação. Entretanto, novas fórmulas foram sendo implementadas, tornando factível a consolidação pelo menos parcial de seus objetivos. No meu entender, a finalidade maior da fundação era P&D, o que, lamentavelmente, após a minha saída ficou legado a segundo plano por falta de recursos.

Os primeiros e fundamentais passos para o sucesso da FETEP resultaram de convênio firmado com o IPT (Instituto de Pesquisas Tecnológicas da Universidade de São Paulo) USP, que desenvolvia P&D na área da madeira. Feito isso, passamos a compor o grupo inicial de colaboradores e técnicos para iniciar as atividades, mantendo o contato com o IPT para definir temas e instrutores.

Como ainda não dispúnhamos de laboratório, fizemos muitos testes no IPT, atendendo à demanda que se estava formando. Pouco tempo depois contratamos o Sr. Otto Berkenbrock, formado em administração de empresas, que assumiu a gerência administrativa, e imediatamente procedemos aos treinamentos na área de produtividade.

Amaury Silva, diretor executivo da FETEP, participou da Feira Internacional de Máquinas e Equipamentos da Madeira e do Mobiliário em Lima, no Peru. Iniciava-se na América Latina o desejo de exportar móveis e produtos de madeira, e para integrar-se a esse empreendimento era necessário, além do investimento no aperfeiçoamento dos recursos humanos, buscar máquinas e equipamentos que permitissem produzir produtos com alta produtividade e qualidade.

A consolidação da FETEP deu-se com o apoio irrestrito do Prefeito Odenir Osni Weiss, sucessor de Oswaldo Zipperer. Contratamos técnicos e especialistas para implementar os projetos tecnológicos e inovações na manufatura de novos produtos, informando e orientando empresas fornecedoras de matéria-prima, componentes e máquinas para que as empresas moveleiras da região pudessem continuar competindo no setor.

Não posso deixar de enfatizar que data dessa mesma época a criação do primeiro Consórcio de Exportação de Móveis, sob o empenho de Alfredo Horst. O sucesso da FETEP na década de 1980 pode ser comprovado pelos levantamentos realizados na área de exportação de móveis, colocando a região como responsável por mais de 50% da exportação do setor a nível nacional. Tudo isso se deve a duas forças, que se somaram em direção a uma meta única: o fortalecimento das empresas do setor madeira/ móveis.

Convém igualmente salientar que tais experiências/ vivências são um exemplo vivo de que o empresário deve se preocupar não somente com o dia a dia de sua empresa, mas também com novos projetos, que, por meio de parcerias bem estabelecidas, podem gerar novas e promissoras inovações para o contínuo desenvolvimento de seu empreendimento.

Passamos a descrever sucintamente os principais testes de laboratório — responsáveis pela melhoria da qualidade dos tingidores, seladores, tintas e vernizes produzidos por diversos fornecedores para a indústria de móveis — que facilitaram a exportação, já que anteriormente não existia na nossa região quem fizesse esse tipo de análises, comprometendo muitas vezes a qualidade dos produtos exportados. Em outras palavras, ficaram no mercado somente as empresas fornecedoras de produtos com um controle rigoroso de qualidade.

Descrição sucinta dos testes de laboratório

1. Teste de viscosidade

Esse processo tem como finalidade a determinação da viscosidade de tintas, lacas, vernizes e produtos similares, pela medida do tempo de fluxo do material líquido pelo copo Ford a 25ºC. A importância do teste remonta ao conhecimento da viscosidade inicial do material, a fim de ter uma ideia da quantidade de solvente que terá que se usar para atingir o ponto de viscosidade ideal de aplicação, que é de 20 segundos.

2. Determinação do conteúdo não volátil

O teste tem por finalidade determinar quantitativamente o conteúdo não volátil em produtos para revestimento. Para isso, pesa-se aproximadamente 2 g do material em questão, coloca-se este em uma estufa a 105 ± 2ºC por 3 horas, fazendo-se em seguida a determinação dos sólidos remanescentes no recipiente. O teste é da maior importância, pois os sólidos fornecerão a proteção do filme contra o ataque de agentes físicos e químicos.

3. Determinação da dureza do filme pelo teste do lápis

Esse método cobre um procedimento para uma determinação rápida da dureza do filme de um revestimento orgânico num substrato, em termos de lápis com dureza conhecida.

Para a sua determinação, fixa-se o painel revestido numa superfície horizontal; segura-se em seguida o lápis num ângulo de 45° contra a superfície, empurrando-o para longe do operador. Para se obter uma exata inclinação do lápis, este é colocado num dispositivo mecânico, e começa-se a determinação pelo grafite de dureza mais elevada, continuando numa escala ascendente.

O ponto final é dado quando o grafite não forma um sulco no filme: esta será a dureza do referido acabamento.

4. Determinação da aderência pela fita adesiva

Para a determinação do poder de adesão de um revestimento orgânico, faz-se, primeiramente, um corte gradeado em direções cruzadas entre si, tomando-se a precaução de não atingir o substrato. Aplica-se, em seguida, uma fita adesiva sobre a grade e depois se retira a fita de uma só vez, avaliando a adesão conforme se encontra a superfície.

5. Determinação da resistência à abrasão

Esse método cobre a determinação da resistência dos revestimentos orgânicos à abrasão, ou seja, determina o índice de desgaste do material. Neste método, o revestimento é aplicado numa espessura uniforme e, após uma secagem de 24 horas, a superfície é submetida à abrasão pela rotação do painel contra as rodas abrasivas.

A resistência à abrasão é expressa como perda no peso sob um determinado número de ciclos abrasivos, ou seja, como perda em peso por ciclos necessários para remover uma quantidade unitária de revestimento.

6. Determinação da resistência aos produtos caseiros

Esse método determina a resistência dos revestimentos orgânicos quando em contato com produtos caseiros por certo período, a fim de verificar qualquer alteração no revestimento, como descoloração, mudança no brilho, amolecimento, protuberância, perda de adesão.

7. Determinação da resistência às mudanças de temperatura dos revestimentos orgânicos (cold check)

Esse teste é destinado a indicar a flexibilidade ou a resistência de acabamentos em madeira quando sujeitos a uma mudança brusca na temperatura. Os painéis revestidos são colocados em uma estufa a 49 ± 2°C por 1 hora. Em seguida são retirados e transferidos imediatamente para um *freezer* a 20 ± 2°C por 1 hora. Depois os painéis são retirados e colocados para relaxar durante 15 minutos, observando-os em seguida. Nenhuma rachadura no painel deve ser constatada.

Cuidados especiais devem ser tomados a fim de evitar a penetração da umidade no painel. Para evitar-se esse problema, aplica-se no fundo e nas bordas do painel uma solução à base de borracha clorada.

8. Brilho

Esse método destina-se a comparar o brilho especular dos painéis pintados com vernizes, tintas, esmaltes ou semelhantes com padrões de brilho, usando o aparelho Glossmeter Gardner de 60°.

9. Resistência ao empilhamento

Esse método destina-se a verificar a resistência do filme de acabamento ao empilhamento no transporte. O teste é realizado com painéis envernizados e empilhados dentro de uma estufa regulada numa temperatura de 60°C durante um tempo de 4 horas. Para separar esses painéis, coloca-se o mesmo papel que a empresa utiliza para a embalagem dos produtos.

Decorrido o tempo previsto, é feita a avaliação, observando se o papel aderiu ou não à superfície.

10. Peso específico

Tem por objetivo determinar a massa que possui uma umidade de volume do material. É determinada a 25°C de temperatura e expressa em grama/ cm3.

11. Cinzas

Esse método tem por objetivo a determinação de cinzas em tintas e materiais afins, a temperaturas de 550 a 600°C até peso constante. Com isso, consegue-se determinar a quantidade de material inorgânico dentro do produto.

12. Tempo de secagem

Esse método procura determinar os tempos convencionalmente aceitos para indicação da secagem de uma película de tinta, verniz ou laca, mediante o acompanhamento dos vários estágios da secagem, isto é, ao toque, livre de pó, até obter-se uma película de secagem completa.

13. Resistência ao amarelamento

Esse teste tem por objetivo acelerar o processo de amarelamento de tintas e vernizes mediante a incidência de raios de ultravioleta sobre filmes aplicados em painéis de madeiras. O teste consiste em deixar um painel exposto diretamente a uma lâmpada de U.V. durante 6, 12 e 18 horas, a uma distância de 60 cm.

Serviços e Assessorias

Setor de engenharia

1. Secagem de madeira

Equipamentos, processos (programas e acompanhamento) e treinamento.

2. Plano de manutenção

Organização do sistema de manutenção para prevenir paradas inoportunas de máquinas e fornecer dados sobre o custo da manutenção, objetivando sua redução.

3. Projeto de exaustão

Dimensionamento da tubulação, potência e sistema de separação (ciclone).

4. Pneumática (ar comprimido)

Dimensionamento do sistema de produção e distribuição de ar comprimido e utilização do ar comprimido.

5. Usinagem da madeira

Assistência técnica na usinagem de madeira, indicando uso correto quanto à velocidade de corte, velocidade de avanço, rotação da ferramenta e número de facas em função do grau de acabamento desejado.

6 Análises

Madeiras e painéis: propriedades físicas e mecânicas.

Setor de química

1. Assistência técnica

Processos de Acabamento

Controle de pressões, controle de viscosidade para cada tipo de aplicação, técnicas de aplicação, técnicas de limpeza de equipamentos com reaproveitamento do material, estudos de layout de lustração.

2. Processos de colagem

Formulações de cola para cada tipo de prensagem, gramaturas, pressões, temperaturas, tempos de prensagem, utilização correta de catalisadores, pesquisa de extensores para substituir a farinha de trigo.

3. Análises

Estabilidade: esse método visa a obter em curto prazo uma ideia do comportamento de uma tinta em função do tempo de armazenagem.

Sedimentação: esse método visa a graduar a quantidade de sedimento e o esforço necessário para homogeneizar as tintas caso apresentem sedimento.

4. Névoa salina

Verificar a resistência de películas de tintas, vernizes e lacas ao ambiente saturado de névoa.

5. Rendimento em película seca

Esta norma fixa o procedimento para a determinação de rendimento de tintas em película seca. O rendimento determinado pode ser calculado em volume e em peso.

6. Determinação da espessura da película seca

Medição da espessura da película seca de tintas, vernizes e materiais equivalentes, aplicados sobre placas planas.

7. Sólidos por volume

Esse método fixa um procedimento para a determinação de sólidos por volume em tintas e vernizes.

Setor de desenvolvimento de produto

1. Design
Desenvolvimento de novos produtos dentro de conceitos atuais de racionalização, desmontabilidade, ergonomia e estética.
2. Redesign
Redesenho de qualquer produto atualmente em linha, readequado em racionalização, desmontabilidade, ergonomia e estética, visando a novas perspectivas mercadológicas, alterações do ciclo de vida etc.
3. Programação visual
Elaboração de projetos gráficos de catálogos, folhetos, instruções de montagem, diagramações diversas, sinalizações internas de fábrica, padronagem de tecido etc.
4. Embalagem
Planejamento e execução de projeto, aproveitamento de corte e vincagem, projeto gráfico de apresentação, atendimento de normas etc.
5. Protótipo
Elaboração de qualquer protótipo de produto desenvolvido pela FETEP ou pela empresa contratante, dentro das possibilidades da oficina.
6. Apresentação
Descritivo técnico: memorial descritivo; relação de conjuntos, componentes e peças; especificações técnicas; gráfica; esboços; perspectivas; desenho técnico; fotos; volumétrica; maquetes; modelos; protótipos.

Consideramos a FETEP um *case* de sucesso. Todos os serviços e assessoria às empresas resultaram em aumento de produtividade, com produtos de melhor qualidade e com indicativos substanciais do melhor desempenho econômico. São ainda considerados *cases* de sucesso todas as inovações tecnológicas desenvolvidas e transferidas para o setor do mobiliário, resultando em consideráveis mudanças de melhoria na qualidade dos produtos e capacitando-os, assim, para o mercado externo, fato comprovado pelo aumento gradativo das exportações.

Em pouco tempo de atividade da FETEP, verificamos a necessidade de implantação do Centro de Informação e Divulgação Tecnológica do Mobiliário. Nosso acervo de publicações, que adquirimos com recursos advindos de convênios com várias instituições nacionais e internacionais, foi devidamente catalogado e tornado facilmente localizável quando houvesse necessidade de obter alguma informação para um projeto de pesquisa. Da mesma forma, permitiu à indústria do setor realizar pesquisas bibliográficas sobre os mais diversos temas e assuntos. Convém salientar que, além de publicações, possuíamos uma série de *abstracts* que possibilitavam encontrar rapidamente inovações recém-publicadas.

Essa criação do Centro de Informação e Divulgação Tecnológica permitiu-nos também publicar a revista Madeira/Móveis, tornada realidade com a parceria do Instituto Brasileiro de Informação em Ciência e Tecnologia do Conselho Nacional de Desenvolvimento Científico e Tecnológico – IBICT/CNPq.

Revista Madeira/ Móveis

A revista Madeira/Móveis teve a função de divulgar boa parte dos serviços e assessoria prestados às empresas, assim como as inovações tecnológicas desenvolvidas e transferidas para o setor mobiliário. Para perspectiva histórica, transcrevo abaixo o "Editorial" do primeiro número, assinado por Linaldo Cavalcanti de Albuquerque, então presidente do CNPq.

O lançamento da Revista *MADEIRA/MÓVEIS* é um acontecimento significativo e auspicioso. Significativo porque concretiza anseios e propósitos de oferecer ao público brasileiro, em particular aos empresários, técnicos e consumidores, um veículo especializado no tratamento das questões, problemas e perspectivas de importante setor de nossa economia. MADEIRA/MÓVEIS é indicador do amadurecimento, da capacidade e do crescente dinamismo do setor moveleiro nacional, envolvendo amplo campo de atividades como a extração, a industrialização, o *design*, a comercialização etc.

Figura 29 - Madeira/ Móveis ed. 3

O desenvolvimento e as necessidades específicas dessas atividades requerem maior domínio e utilização dos conhecimentos técnico-científicos. Aliás, uma característica fundamental da pesquisa científica e tecnológica é a divulgação de seus resultados, a difusão de suas conquistas. Tecnologia pressupõe processos de geração de ideias e uso de suas materializações. *MADEIRA/MÓVEIS*, num setor específico, é instrumento dessa indispensável interação.

O caráter auspicioso deste lançamento, por estranho que pareça, está associado à presente crise e recessão econômicas. Vencer estas dificuldades supõe, sem dúvida, aproveitamento pleno dos recursos existentes e mobilizáveis a curto e médio prazo. *MADEIRA/MÓVEIS* inclui-se exatamente nesse contexto. Enfoca recurso natural, renovável, de reconhecida importância para o país e busca difundir tecnologias assinaladamente nacionais e imprescindíveis à ampliação e valorização de nossas exportações.

MADEIRA/MÓVEIS surge, portanto, num momento oportuno e com ampla agenda de trabalho, em particular no que se refere à informação e orientação das empresas empenhadas na transferência e absorção de tecnologias, como no aproveitamento das oportunidades comerciais internas e externas.

Por tudo isso, o CNPq sente-se honrado em apoiar esta iniciativa, assim como já o faz com dezenas de outras publicações voltadas para a divulgação técnico-científica.

Ressalte-se que esta participação insere-se dentro dos objetivos da política governamental de C&T, definidos no III PBDCT e detalhados em programas e atividades prioritárias, mediante Ações Programadas em Ciência e Tecnologia. Entre estas, mencione-se a AÇÃO PROGRAMADA DE DESENVOLVIMENTO INDUSTRIAL, que contempla em um de seus capítulos o setor moveleiro. Trata-se de um instrumento de planejamento indicativo que busca integrar as instituições, empresas e organismos do SNDCT, numa ação coordenada. É a partir dela que vem sendo intensificada a aproximação entre o CNPq e o setor empresarial. Participar de iniciativas como esta demonstra a possibilidade de articular interesses e disposições com o objetivo de apoiar a empresa nacional e intensificar a interação entre as atividades de produção tecnológica e as necessidades e demandas de nosso parque industrial.

Esperamos que o êxito de *MADEIRA/MÓVEIS* expresse também a concretização deste esforço.

Talvez contagiado pelo programa de adequação e a extensão tecnológica que a FETEP estava exercendo a todo vapor, e considerando o amplo inter-relacionamento com a Universidade Federal de Santa Catarina, sugeri aos alunos da Faculdade de Engenharia Mecânica que, em vez de se limitarem a empresas vinculadas ao setor metalomecânico, fossem estagiar também no setor moveleiro, em razão da grande quantidade de máquinas e equipamentos cada vez mais sofisticados utilizados na produção desse setor.

Sugestão aceita, hoje existem atuando na nossa região muitos engenheiros mecânicos, assim como engenheiros químicos e *designers* que encontraram na indústria do mobiliário uma fatia de mercado para suas respectivas especialidades.

ANEXO 3
DICAS IMPORTANTES DE EMPRESÁRIOS PARA EMPRESÁRIOS[14]

O planejamento estratégico não prevê o futuro, ele apenas cria as condições para fazer acontecer.

Federico Emory, consultor e instrutor em Gestão Empresarial

O empresário/ gerente só é líder quando faz acontecer. Caso contrário, passa boa parte do tempo "apagando incêndios".

Por exemplo, suas estratégias de venda estão definidas de acordo com as variáveis da nova economia? Sua empresa considera a seleção de clientes, diferenciação e preço?

Cuidado! Se você não se adaptar constantemente diante de circunstâncias adversas, se antecipando às mudanças com criatividade e vantagens estratégicas para seus clientes, sua empresa estará ameaçada, e por quê?

---

14 Fonte: Fundação Empreender, uma fundação de Associações Comerciais e Industriais (ACIs) do Estado de Santa Catarina, com o objetivo, entre outros, de divulgação e difusão de experiências sobre desenvolvimento organizacional de associações empresariais e a abertura destas para integração de médias e pequenas empresas. Entre 1993 e 1999, Marcos Alberto von Bahten participou como freelancer da equipe dessa Fundação.

Porque no futuro próximo (máximo cinco anos), sobreviverão somente empresas que na opinião dos clientes tiverem boa qualidade, um diferencial, um valor agregado. Hoje em dia é mais importante aprender a ser resiliente do que ser o melhor. (Emory, 2014)[15]

Muitas companhias de sucesso poderiam ter sido levantadas, muitos investimentos poderiam ter dado certo, muitas pessoas poderiam hoje ainda estar trabalhando, não fosse o amadorismo, a improvisação, a ilusão de autossuficiência e a irresponsabilidade de algumas pessoas que queriam a todo custo sentir o "gostinho" do empresariado e iniciaram qualquer empreendimento sem uma direção, sem uma "bússola", sem saber o que realmente queriam, sem um plano de negócios. O resultado não poderia ser diferente: o falecimento prematuro.

Conforme Cláudia Pavani, um Plano de Negócios dá a oportunidade de pensar e consolidar em um único documento as questões que dizem respeito ao caminho da empresa, como, por exemplo:

— A organização das ideias e propostas do conjunto de pessoas envolvidas na condução de um novo empreendimento, com vistas a elaborar a visão, missão e objetivos da empresa, e não das pessoas que individualmente a compõem;

— A organização da própria empresa, seja dos números que a refletem, seja das funções exercidas pelas pessoas;

— A comunicação entre os sócios e principais gerentes, clientes, investidores, fornecedores e parceiros em geral. O fato de ser um documento único que reflete na íntegra a empresa garante um instrumento de comunicação eficiente entre os envolvidos na operação;

— O comprometimento de todas as pessoas-chave da empresa no caminho que se delineará para ela;

— A existência de um instrumento de controle ge-

---

15 Fonte: http://amoryconsultoria.com/como-implementar-um-planejamento-estrategico/

rencial para acompanhamento, avaliação e controle das fases dos projetos da empresa; e

— A existência de um instrumento eficiente para a captação de recursos, sejam financeiros, humanos ou de parcerias. (Pavani, *Plano de Negócios*)[16]

Um caso de sucesso no Rio de Janeiro

O farmacêutico de 42 anos teve que aprender no dia a dia o que não é ensinado nas universidades: ser um empresário. Decidido a traçar o próprio caminho, Murilo montou, com mais três amigos, uma empresa especializada em homeopatia, florais, fitoterápicos e alopatia: a Quintessência. As adversidades começaram quando a empresa precisou investir em qualificação e gestão dos processos de produção. Murilo seguiu então a recomendação de um amigo: procurar a orientação. Desde então, a Quintessência passou por várias mudanças e hoje, 17 anos depois da inauguração da primeira loja, conta com quatro unidades no Rio de Janeiro e 120 funcionários.[17]

Autoexpressão, a raiz do problema

Temos adquirido conhecimentos valiosos com pesquisas, experiências de grandes vendedores e estudiosos das técnicas de vendas, que nos ensinam a importância de conhecer primeiro as necessidades do cliente, de nos preparar com informação e até emocionalmente para sair em campo. Ensinam onde procurar, como abordar o cliente, como despertar seu interesse, como fechar a venda, como contornar objeções, etc.

Porém, o resultado de todo esse trabalho ainda é pouco. Hoje em dia as empresas precisam e buscam cada vez mais resultados concretos, palpáveis, mais duradouros e eficazes.

Por exemplo, a revista *Sales & Marketing Management* encomendou na década de 1990 à Caliper, firma de consultoria de recursos humanos de Nova Jersey, EUA, um estudo dos tra-

---

16 Disponível em: http://www.cin.ufpe.br/~dmvb/empreendimentos/Check%20list.pdf
17 Fonte: http://www.homeopatiaonline.com/boletim/edicoes/a3e30.asp

ços de personalidade de grandes líderes de vendas. A empresa avaliou 172 executivos de 105 companhias, representando cerca de 50 setores econômicos. Uma das principais descobertas foi que eles têm uma série de traços comuns que fazem a diferença, como: autoridade, desejo de persuadir, ego forte, aceitação de riscos, inovação, sentido de urgência e empatia. Impressionante! E agora? Como posso inserir na minha personalidade esses traços?

Como disse Thoreau, "para cada mil homens dedicados a cortar as folhas do mal, há apenas um atacando as raízes". O pulo do gato somente ocorrerá quando deixarmos de nos preocupar com as folhas e mergulharmos fundo na questão, procurando compreender por que somente 12% dos vendedores conseguem realizar excelentes resultados no seu trabalho e 88% não conseguem, se todos recebem o mesmo treinamento, as mesmas ferramentas de trabalho. É muito comum escutar nas empresas e até em cursos de técnicas de vendas que o vendedor tem que ter atitude, que a solução é trabalhar o comportamento, que o bom vendedor já nasce com esse dom... cuidado, preste atenção! Uma das principais barreiras (invisíveis) que enfrentamos é a ansiedade, que elimina aproximadamente 90% das possibilidades de sucesso, mesmo antes de aparecerem. E aí entram em ação outros inimigos ferozes, a desmotivação e, como consequência, a falta de perseverança. Muitos bons profissionais com excelente potencial podem falhar por falta de um bom líder e de perseverança.

Sites recomendados

http://www.apexbrasil.com.br
http://www.mre.gov.br
http://www.desenvolvimento.gov.br

www.ingramcontent.com/pod-product-compliance
Lightning Source LLC
Chambersburg PA
CBHW071259220526
45468CB00001B/197